東大寺のなりたち

森本公誠
Kosei Morimoto

岩波新書
1726

はじめに

奈良といえば大仏さまである。東大寺南大門前の県営駐車場で観光バスを降り、参道に出るとたちまち鹿の歓迎攻めにあう。近頃はインバウンドとかで海外からの観光客も多く、笑い声や悲鳴がけたたましい。鹿煎餅をねだって頭を下げるのが可愛いと、もう一束買って鹿にサービス。ところが質《たち》の悪い鹿もいて、頭を下げるどころか早く呉れないかとばかりに嚙みつくのである。手に持った鹿煎餅がなくなって、やっと気が付く。周りはなんと穢《きたな》く臭いのか、と。

東大寺を創建した聖武《しょうむ》天皇は即位の翌年、全国に詔《みことのり》を発し、社寺の境内が雑畜を放って穢《わい》臭《しゅう》に満ちているようでは神仏を敬う心は生まれないと、国司の長官みずからが率先して清掃に当たるよう命じた。天皇の意を思うと、東大寺に籍を置く者としては恥ずかしい限りである。鹿は隣の春日大明神の使いだからと引き取っていただきたいところだが、鹿の所有権は存在しないと言われるし、鹿煎餅で生計を立てている方もおられる。いずれはさまざまな法規制をクリアし、散水と浄化の設備を設置して、東大寺に来られる方々に少しでも宗教的な雰囲気を味わっていただきたいと努力する以外に、目下はこれといった対策がない。

悪臭を我慢し、鹿から転じて参道を進むと、巨大な山門が目に入る。八〇〇年以上もまえの鎌倉時代初期に建てられた国宝の南大門である。両脇の仁王さんの巨像は、二体とも当時の仏師たちがわずか六十九日で制作した国宝である。仁王さんの力強さに圧倒されるうえに、それが六十九日で造られたと聞くと驚きでしかない。筆者が初めて仁王像を目にしたのは昭和二十四年(一九四九)十一月、中学三年生のとき、縁あってある塔頭《たっちゅう》寺院に弟子入りした日であった。その頃は観光客も少なく、南大門のまえには記念写真を撮るための剝製の鹿雌雄二頭が置かれていた。

翌年、高校一年生の夏休みに頭を剃って得度《とくど》を受け、小僧となった。東大寺では毎月どこかのお堂で朝の勤行《ごんぎょう》がある。塔頭寺院の徒弟も休みになれば法要に出仕しなければならない。お経を覚え、正座に慣れるのである。また何日間かは徒弟一同が集まって、長老格の先師から声明《しょうみょう》の稽古をつけてもらう。お経の意味はともかく、節《ふし》を覚えるのである。徒弟でも法要で当役になれば、そのお経を唱える。こうして、少しずつ東大寺の法会《ほうえ》の場になじんでいく。

大学の学部を卒業し、大学院生になったとき、初めてお水取り、二月堂修二会《しゅにえ》に参籠した。新入《しんにゅう》という。二月十五日から三月十五日までのおよそ一か月間、古参の練行衆《れんぎょうしゅう》とともに合宿して、日夜稽古に、本行にと励む。普段の学生生活とはまるで違う日々を体験した。暗中模索といった状態である。実は東大寺の若い僧侶は修二会に参籠することによって、東大寺の歴史の重みを体感し、奈良時代の僧侶たちが世のため人のために行った「祈り」の在りようを垣間見ることができるのである。

参籠三年目では、修二会で「神名帳《じんみょうちょう》」を奉読する。初夜の大導師祈願の冒頭に、練行衆のうちの平衆《ひらしゅう》が交替で毎夜読み上げるものである。日本全国一万三千七百余柱もあるという神々の名が連ねてあり、最初はゆっくりとしたリズムで読み出すが、次第に速度を速め、最後の段はまたゆっくり荘重に読み上げる。しかし、これら神々の名を子細に検討すると、そこには東大寺ならではの強烈なメッセージが込められている。

参籠五年目になると、新過去《しんかこ》といって、『東大寺上院修中過去帳《じょういんしゅうちゅうかこちょう》』を奉読する役がまわってくる。東大寺の建立や復興に尽くされた人々の名前を連ねたもので、むろん聖武天皇から始まっており、過去者の名前を読み上げることによって、それらの人々の菩提を弔うのである。そこで最初は丁寧に読むのであるが、その速度は次第に速くなり、やがては緩急と抑揚の効いた節を付けて声高らかに読み上げ、謡曲まがいの調子となる。

それでも大変な人数になるから、鎌倉時代以降は駆け足のように早口で読み進む。最終段は明治期以降の東大寺別当の名が列《つら》なっている。読み終えるにはおよそ小一時間かかる。過去帳の奉読は、修二会の行法を創始したとされる実忠《じっちゅう》の忌日《きにち》の三月五日と水取りの行事がある三月十二日の二回、それぞれ神名帳奉読に続いて行われる。過去帳は原則亡くなられた人の没年順に並べられているから、東大寺の歴史がそのまま反映しているといってよい。しかも歴代天皇をはじめ、いわゆる歴史上の人物が多く登場する。

東大寺の人間であれば、こんな人も東大寺のために尽くされたのかと、おのずと親しみを覚えるようになる。一人ひとりの伝記を調べていけばそれは果てしなく膨大なものとなろう。それでもよく調べてみると、なかには不思議な名前や、なぜそう読むのか疑問に思える人も出てくるし、名簿から抜け落ちているのではと思われる人も出てくる。

筆者は東大寺に入寺して来年で七十年を迎える。その間、日本はどのような歴史を歩んできたのか、同世代の人にとってはさまざまな思いがあるかもしれない。筆者の脳裏に常にあったのは、東大寺は現代社会においてどのような存在意義があるのかという問いかけであった。むろん未来への志向が前提となる。この点、ここしばらくのところ、東大寺のなりたちを知ることにこそ答えの一端があるのではという思いが強くなった。幸い東大寺の歴史に関心を懐《いだ》かれている研究者は多数にのぼる。そこで研究者の業績に助けられながら、この機会に東大寺のなりたち、創建時代の東大寺について筆者なりにまとめてみようと思うのである。

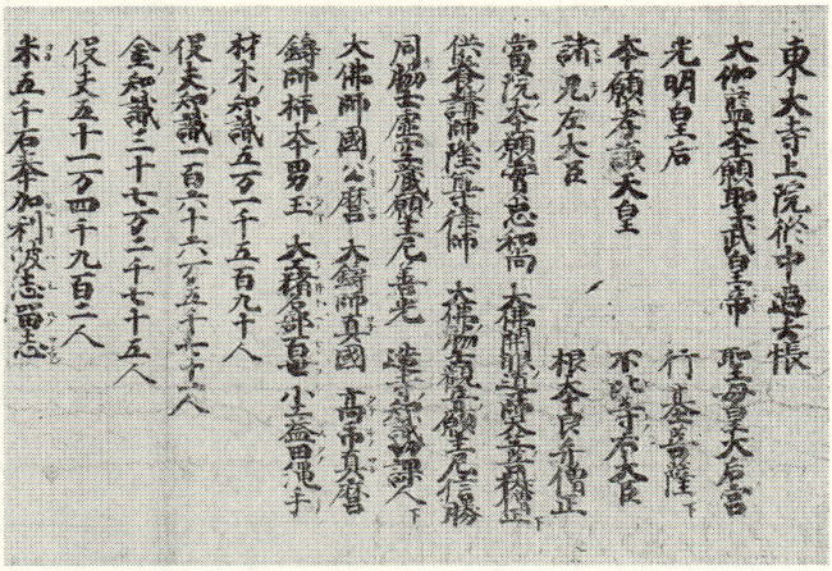
東大寺上院修中過去帳
大伽藍本願聖武皇帝　聖母皇太后宮
光明皇后　行基菩薩
本願孝謙天皇　不比等右大臣
諸兄左大臣　根本良弁僧正
大佛師國公麿　大鋳師真國　高市真麿
鋳師柿本男玉　大工猪名部百世　小工益田縄手
材木知識五万一千五百九十人
役夫知識一百六十六万五千七十一人
金知識三十七万二千七十五人
役夫五十一万四千九百二人
米五千石奉加利波志留志

東大寺上院修中過去帳（東大寺）

目　次

第一章　東大寺前史を考える

一　山房の時代

皇太子の夭折と山房

大方の人にとって東大寺といえば、大仏殿に鎮座する大仏さま、盧舎那大仏《るしゃなだいぶつ》が思い起こされよう。東大寺の歴史も、大仏開眼供養会《かいげんくようえ》が盛大に営まれた天平勝宝四年、西暦七五二年をもって始まると憶えておられるかもしれない。しかし東大寺にはその前史があって、発祥は神亀《じんき》五年(七二八)九月、聖武天皇の皇太子基親王《もといしんのう》(一説に某王)が満一歳の誕生日を目前にして亡くなり、その菩提を追修するために造営された「山房」にあるとされている。これは『日本書紀』に続く正史『続日本紀《しょくにほんぎ》』の記述に基づくのであるが、もう少し詳しくひもといてみよう。

神亀五年の八月二十一日、聖武天皇は勅して言われた。「皇太子の病が日を経ても癒えない。三宝《さんぼう》の威力に頼る以外に、能《よ》く病の苦しみから逃れる道はあろうか。これにより、敬って観世音菩薩の像一百七十七軀《く》と観世音経一百七十七巻を造り、礼仏し転経させ、一日中の行道をさせよう。この功徳によって皇太子の病気が平復することを望む」と。

基親王が前年の閏九月に誕生したときの聖武天皇の喜び方は尋常ではなく、十一月にはまだ誕生から一か月余りの赤子を皇太子に任命した。そのわが子が病を得て恢復しない。なんとかして助けたい。観世音菩薩とは、現世利益《げんぜりやく》信仰をもっとも代表するほとけであるが、それにしても、一七七軀の観世音菩薩像とはなんと数の多いことか。

この数字の意味は不明だが、要するに聖武天皇としてはできるだけ多くの観世音菩薩像およびその変化身像を造らせ、僧侶たちがその周りを行道し、観世音菩薩の名号を唱えることで、わが子の病気平癒を期そうと、そのように必死の思いをしていたのであろう。しかし、祈りの効なく、皇太子は九月十三日に亡くなり、二日後には那富山《なほやま》に葬られた。

『続日本紀』は伝える。「天皇は甚だ悼《いた》み惜《おし》みたまう」と。一年前の喜びの絶頂は一転して悲しみのどん底となった。天皇は皇太子の菩提のために同年十一月、従四位下智努王《ちぬおう》を造山房司《ぞうさんぼうし》長官とし、智行《ちぎょう》の僧九人を択《えら》んで山房に住まわせることにした。翌十二月になると、『金光明《きんこうみょう》最勝王経《さいしょうおうきょう》』（読みは東大寺の伝統に従う）を六四〇巻、つまり十巻本なので六十四部書写させ、これを一国一部充て全国に頒布して、国家平安を祈らせた。しかも諸国へは、一部十巻の書写を完了させ次第送付し、経本が到着すればその日から転読するようにと念押ししている。皇太子の冥福の祈りは国家平安の祈りに昇華されているのである。

ところがこれら『続日本紀』の記述では、山房が東大寺に結びつく証拠はどこにもない。山房がその後発展して東大寺の前身寺院である金鐘寺《きんしょうじ》、さらに金光明寺になったという説をいち早く主張したのは家永三郎氏で、氏は基親王の菩提を弔う山房は、正倉院文書に見る天平八年

(七三六)八月の「山房」に、さらには福山敏男氏のいう、やはり正倉院文書で天平十一年七月十二日付の「金鍾《こんしゅ》山房」に当たると指摘した。六十年以上も前のことで、日本古代史の専門家には周知のことである。

『東大寺要録』編纂者の認識

しかしながら、家永氏らの指摘を待つまでもなく、「山房」が東大寺の発祥に当たるという認識は、東大寺の歴史のなかで古くから伝わっていたのではなかろうか。理由は平安時代後期に編纂された『東大寺要録』の記述である。『要録』巻第一「本願章」冒頭の聖武天皇伝に当たるところに、要録編纂者が東大寺に関連すると判断して『続日本紀』から選び取った記事が列記されている。その第一は神亀五年についてで、八月の皇太子の病に伴う勅《みことのり》、九月の皇太子薨去《こうきょ》の顚末、十一月の山房の造営と智行僧九人の止住《しじゅう》、十二月の『金光明経』の諸国頒布の、それぞれの記述が転載されている。このことは要録編纂者が、皇太子薨去から数百年を経ても、それが東大寺の草創に係わる重大な史実だと認識していたことをうかがわせる。

要録編纂者が次に本願章で、東大寺にまつわると取り上げているのは天平五年(七三三)の条で、公家《こうけ》、つまり聖武天皇が「良弁《ろうべん》の為に羂索院《けんさくいん》を創立す。古くは金鐘寺と号す、是也」と記している。羂索院が聖武天皇の創建になる東大寺最古の建物だと認識していたのであろう。

羂索院とは不空羂索観音像を本尊とするところから名付けられた堂舎で、本堂は羂索堂といい、『要録』諸院章の「羂索院」の項を参照すると、「金鐘寺と名づく。また改めて金光明寺と号す。亦《また》禅院と云う」と注記したあと、「堂一宇　五間《けん》一面　礼堂《らいどう》在り」と羂索堂の規模を述べ、「天平五年歳次癸酉の創建立也。良弁僧正、不空羂索観音菩薩像を安置す。当像の後ろに等身の執金剛神《しゅこんごうじん》有り。是れ僧正の本尊也」と由緒を記している。

羂索院は別項目でも取り上げられていて、礼堂は五間の檜《ひ》皮葺《わだぶき》の建物であること、三間二面庇瓦葺の二月堂、七間檜皮葺の会坊《えぼう》、二十一間二面檜皮葺の僧坊、一間檜皮葺の僧坊などの堂舎を付置しているとする。これらは明らかに平安期の状況を伝えたもので、どこまで遡れるかはわからないが、創建年次や良弁とのつながり、金鐘寺や金光明寺への展開などに触れ、東大寺史にとっては貴重な史料となっている。

法華堂創建年次の通説

このように、羂索院とは羂索堂を中心に各種の建物が付属した、いわば複合施設であったことがわかる。羂索堂は毎年三月に法華会《ほっけえ》が行われたことから、のちに法華堂（俗に三月堂）と呼ばれるようになり、その呼称が現在まで伝わった。それでは、東大寺で最古の建物とされるこの法華堂はいったい、いつ創建されたのであろうか。『要録』の伝える天平五年というのは果たして正しいのであろうか。こうした疑問から、研究者の大半はこの記事の信憑性を疑い、単なる伝説だろうとし、創建年次について諸説が生まれた。

藤原広嗣《ひろつぐ》の乱が起こった天平十二年(七四〇)九月説、日本で初めて『華厳経《けごんきょう》』の講義が開始されたという同年の十月説、恭仁宮《くにのみや》と同等の瓦が使用されていることからの天平十三～十四年(七四一～七四二)説、平城京還都後に甲賀寺から移建されたとする天平十七年(七四五)説、正倉院文書「金光明寺造物所解案《ぞうぶつしょげあん》」にある不空羂索観音像用部材調達を申請した天平十九年(七四七)正月説、同じく、良弁が『不空羂索神呪心経《じんじゅしんぎょう》』を請求した天平二十年(七四八)八月説と、それぞれ異なる意見が出され、年次は天平十二年(七四〇)から同二十年にまたがっている。

東大寺法華堂(東大寺)

いずれにしても、正倉院文書での「羂索堂」の初出が天平勝宝元年(七四九)であることから、これが年次の下限とされている。法華堂について解説された伊藤延男氏は「現法華堂が天平時代の建築であることは確かであるが、建立年代を示す決定的な資料はない」と書いている。

須弥壇解体修理に伴う新発見

ところが、平成二十二年度（二〇一〇）から二十四年度にかけて、法華堂須弥壇《しゅみだん》の解体修理が行われることになった。明治三十三年から翌年にかけて法華堂の解体修理が行われたが、詳細な記録はない。法華堂諸尊像の傷みが進み、尊像表面の金箔がわずかの風でもゆらゆらしている状態を憂慮して、寺側ではかねてから尊像の修理を要望していた。そこで文化庁は平成八年度（一九九六）から十一年度にかけて、諸尊像の剥落止め応急修理を行ったが、そのさい須弥壇の床面の損傷が激しいことが判明し、予算措置を待っての本格的な修理となった。

須弥壇上にあった天平時代の仏像をすべて移動させ、床面がむき出しとなった。その一部は腐食していたが、しかし、中央の本尊が立っていた八角二重基壇は特別の造りだったのか、部材は上質で、堅固に見えた。この八角二重基壇が白日のもとに曝されると、上段はむろんだが、下段にもかつては仏像が立ち並んでいたことを示す痕跡が顕わになった。

上段中央は本尊の不空羂索観音像が立っておられたのであるが、台座の輪郭に合わせてより内側にまで漆が塗られていたことがわかり、創建当初の作業を思わせた。これまで本尊は当初の安置仏像ではなく、あとで他所から移入されたとする説があったが、これで移入説は成り立たなくなった。新発見の第一である。

本尊の両側の新しい台座の痕跡は、江戸期に移安された日光・月光《がっこう》両菩薩像が立っていたところである。また八角二重基壇上段の八方隅には柱孔があり、孔の周囲の痕跡から、そこにはかつて八角柱が立っていた。つまり創建当初は上部に開放型の宝殿（厨子《ずし》）が安置されていたことが判明した。新発見の第二である。

八角二重基壇の解体は創建後初めてのことであろう。二重基壇の全部材が開館に向けて準備中だった東大寺ミュージアムに運ばれ、広い床面に並べられた。目視による観察ばかりでなく、年輪年代学による部材の伐採年代の測定が試みられた。もっとも衝撃的だったのは、この測定によって得られた結果であった。新発見の第三である。

八角二重基壇（美術院）

年輪年代測定法というのは古文化財の科学的研究法の一つとして、近年とくに注目されてきたものである。これは樹木の年輪が、気温、降水、日照時間といった気象条件に左右されながら、毎年一層ずつ形成される点を利用したもので、同年代に同じような気象のもとで生育した樹木の年輪は、比較すると樹種ごとに固有の共通した変動パターンが見られる。この比較手法を同一樹種について長期の年代にわたって積み重ねていくと、暦年の標準変動パターンが作成できる。目下のところ、伐採年のはっきりしている現生木から遡って、中世や古代の建築部材、遺跡出土の木材の各年輪を調べることにより、檜材についていうと、紀元前二〇六年から一九八六年までの約二二〇〇年間の暦年標準変動パターンが作成されている。したがってこの標準変動パターンを一種の尺度として、年代を確定したいと思う檜部材の年輪を調査すれば、一年単位で年代が確定できることになるのである。

この年輪年代測定法が威力を発揮するのは美術史や考古学、建築史などの分野で、わが国では奈良文化財研究所埋蔵文化財センターがもっとも研究を進めており、東大寺では同研究所主任研究員であった光谷拓実氏に調査を依頼した。

幸いなことに、本尊が立っている八角二重基壇上段内部の井桁材《いげた》には、檜皮が付いているものがあった。番号が「上の中桟3-8」というもので、伐採年を年輪年代測定法によって測定したところ、七二九年という結果が出た。別の面皮《めんぴ》付き井桁材でも七二九年が得られた。七二九年は神亀六年に当たり、八月に天平元年と改元された。また面皮付きの天板12番は七三〇年(天平二)の伐採と判明した。この結果は創建年次を知るうえで重要な手掛かりになる。

法華堂本体はどうであろうか。年輪年代測定は須弥壇だけでなく、法華堂の建築部材にまで及んだ。正堂の通肘木《とおしひじき》ろ6-8で七三〇年を検出、同じく正堂の間斗《けんと》(桝形)東面ろ6-7で七三一年(天平三)という結果が得られた。年輪年代測定法による限り、八角二重基壇の造作も法華堂の創建もほぼ同時期に行われたことになる。いずれにしても、通説の創建年次よりはるかに遡る。

これらの年代は何を意味するのであろうか。むろん伐採してすぐ使用することはなく、部材の乾燥を待たねばならないが、それにしても十年も寝かせることは考えられない。すると『要録』の天平五年(七三三)創建とする記述が妙に真実味を帯びてくるのである。

八角二重基壇の部材のみならず法華堂の建築部材にまで七三〇年前後という伐採年を得たことは、その創建年次を考えるうえで無視できない証拠となろう。つまりは七二九年になぜ伐採することになったのか。何か伐採の要因となる事件のようなことが前年に起こったのか。そのように考えてくると、これまで述べてきた皇太子の夭折からの一連の経緯が、法華堂創建に大いに係わりのあることが明らかになってくるのである。そうだとすれば、良弁が山房止住の九人の智行僧の一人に択ばれた可能性はきわめて高くなる。

山房は果たして、ささやかなお堂か

さて、家永三郎氏が『続日本紀』にいう「山房」は正倉院文書の「山房」や「金鍾山房」に当たり、それが東大寺の前身寺院の金鍾寺に発展したと指摘して以来、研究者のあいだで多々論議が重ねられてきた。しかしそれぞれの主張には微妙な違いがある。そこでこれらのさまざまな知見を踏まえて、東大寺前史という視点で、その発展過程を跡付けたいと思うのである。

聖武天皇が建てることを命じた「山房」は、赤子であった皇太子の菩提を弔うためのささやかなお堂、単独の建物だったと研究者一般には考えられている。しかし、造営責任者に任命された智努王の高位からすれば、「山房」はそれなりの規模を有していたと見なされる。天皇は皇太子の生前、一七七軀の観世音菩薩の造像を命じていた。このような造像事業は翌月の皇太子の薨去によって中止となったのであろうか。一七七軀はともかく、すでに作業にかかっていたものもあったはずである。

観世音菩薩像といえば、東大寺で上院地区と呼ばれる地域には、法華堂の不空羂索観音像をはじめ、二月堂の十一面観自在菩薩像、かつて法華堂の南東にあった千手堂《せんじゅどう》の千手千眼観自在菩薩像などが祀られ、観音霊地の様相を呈していた。

法華堂の八角二重基壇の用材が七二九年に伐採されたとすれば、そのうえに安置される不空羂索観音像の造像は、それより以前に着手されていたはずである。他の観世音菩薩像の造像計画も進められていたかもしれない。これらの作業が全面的に中止になったということはまず考えられない。そうではなく、皇太子の冥福を祈り、さらには国家平安を祈るための諸堂の本尊に転用されたとするのが自然ではなかろうか。つまり山房は複数の堂舎を造営することが当初から計画されていたと考えるべきである。このことを示唆する貴重な史料がある。

東大寺山堺四至図

正倉院には聖武天皇の五七日《ごしちにち》の忌日を期して、天平勝宝八歳（七五六）六月九日付で東大寺の寺地を確定した絵図「山堺四至図《さんがいしいしず》」が残っている。現物は滅多に見られないが、東大寺には江戸後期に写した正確な絵図が伝存する。縦三メートル弱、横二・二メートル強の巨大な絵図の南東隅には、作図の目的と関係者の署名があり、東大寺を代表して大僧都《だいそうず》良弁、太政官の左少弁小野田守《おののたもり》、治部省の大輔《たいふ》市原《いちはら》王、造東大寺司の長官佐伯今毛人《さえきのいまえみし》、大倭《やまと》国の介《すけ》播美奥人《はみのおくひと》が名を列ねる。

絵図はまず西北隅を初堺として、右回りにして周囲に北境から一堺、二堺、三堺と、西境の都合十堺まで墨書し、山堺を定める。北は佐保川、南は新薬師寺（香薬寺《こうやくじ》）の南を流れる能登川、東は春日奥山、西は東京極《ひがしきょうごく》大路を隔てとしている。ただ御蓋山《みかさやま》、神地《しんち》、山階寺《やましなでら》東松林、大伴《おおとも》寺《でら》など既存の地目は含まれない。いずれにしても、現在の東大寺境内地とは比較にならない広大な寺域である。

近年、この絵図を精査した奥村茂輝氏は作図の順序に注目した。氏によると、絵図はまず三幅の麻布を繋ぎ合わせたのち、縦横に朱線を描き、作図上の目安となる方格を作って、地図を描くための準備とする。いよいよ作図となるが、最初に描かれたのは佐保川と能登川であった。それらの支流も引き続き描かれる。これは両河川の描写が、すべての道を寸断し跨いでいること、すべての山をこの両河川の内側に描いていることから言える。次いで描いたのは東京極大路であった。

氏はこの作業を、寺域を示すためだったとする。しかし、絵師に作図を指示した人物にはもっと深い意図があったのではないか。

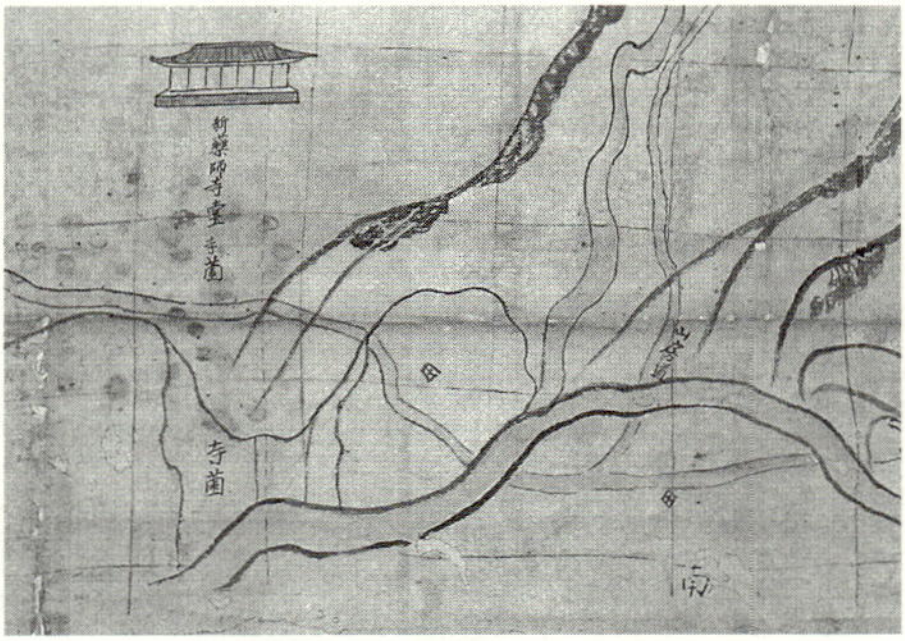

山堺四至図 能登川沿いの山房道(東大寺)

とくに注目されるのは、現在の地図作成の常識からすれば河川は青色で描くが、この絵図では黄色で描かれていることである。これは中国の五行説に基づいていると考えられる。この説によれば、青・赤・黄・白・黒の五色は、季節では春・夏・土用・秋・冬に配され、方位では東・南・中央・西・北に配されて、黄がもっとも神聖な色と尊重される。密教でもたとえば五大龍王は、青帝《しょうたい》龍王、赤帝《しゃくたい》龍王、白帝《びゃくたい》龍王、黒帝《こくたい》龍王がそれぞれ東・南・西・北に配され、中央は黄帝《こうたい》龍王となる。現在、東大寺二月堂で行われている修二会の呪師《しゅし》作法でも、この順序で五大龍王が勧請《かんじょう》される。なお服装では、黄服は皇帝しか着られない。

佐保川と能登川を最初に描いたということは、この両河川に囲まれた区域が世俗世界から隔てられた聖域であることを示している。絵図を詳しく見ていくと、東端五堺に「佐保川源」と墨書があり、続いて六堺に「香山東南道」、「能登川源」と墨書がある。明らかに両河川による囲みを意識した表示である。さらに、東北四堺の「佐保川」と西端七堺の「能登川」の墨書は、この両河川による囲みが三方からなることを強調する。

聖武天皇は皇太子の病気平癒を願って多くの観世音菩薩像を造らせようとした。このことは三方を海に囲まれた観音霊場としての補陀落山《ふだらくせん》を連想させる。つまり絵図には、山房を経典に説く補陀落山に見立て、皇太子の冥福のための霊場にしようという意思が読み取れるのである。このような構想が当初から存在したことをより明確にするのは、山堺四至図の「山房道」という墨書の注記である。

山堺四至図の山房道

「山房道」と表示があるのは、新薬師寺の東南近くと、能登川の一つの水源となる「井」の北方との二か所である。山房造営から三十年近く経っても、なお作図指示者には生々しい記憶があったのであろう。いずれの山房道も上り坂で辿ると「香山堂《こうせんどう》」に到り着く。そこで、山房とはこの香山堂のことであり、金鐘山房とも称されたのだと説く研究者もある。

『要録』所収『延暦僧録《えんりゃくそうろく》』の逸文によると、光明皇后は香薬寺《こうやくじ》(新薬師寺)より以前に、「香山寺金堂」を造ったとある。しかも「仏事荘厳《しょうごん》は完備され、東西の楼閣は影を映す庭を隔てて並び、左右の高楼は高く聳え立っていて、その美しい様は形容しがたい」という。つまり、金堂に安置すべき仏像や荘厳具はすべてととのっていて、東西の楼閣と左右の高楼を備え、壮麗な伽藍だったと伝えている。山堺四至図の「香山堂」はこの香山寺金堂のことだとわかる。

『延暦僧録』は鑑真和上に随伴して来日した唐僧思託《したく》が撰述したもので、編録年代は延暦七年（七八八）と『続日本紀』よりも古く、貴重な史料を残した。残念ながら現在は散逸してしまったが、要録編纂者はその多くを引用した。

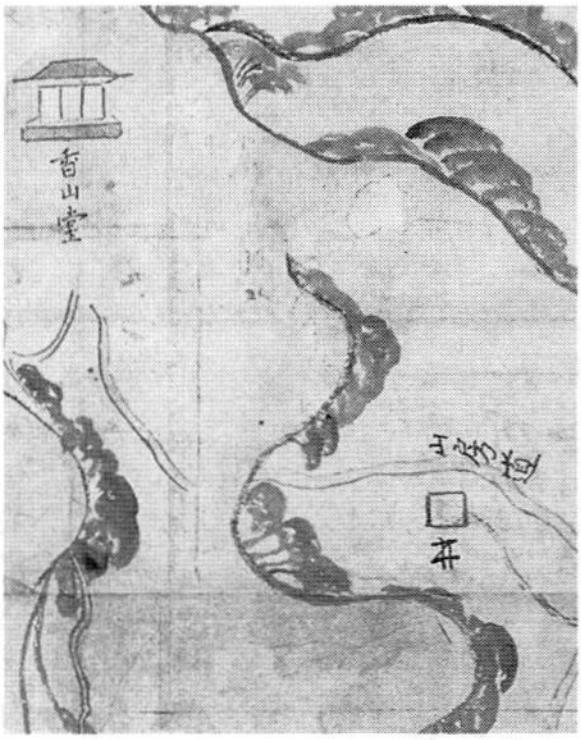

山堺四至図　香山堂（東大寺）

現在香山寺の遺跡は、新薬師寺からやや北寄りの東方、かなり山奥に入ったところにある。上下二段の台地があって、礎石もあるという。奈良文化財研究所が調査したところでは、採集した瓦のうち鬼瓦の断片は、平城宮跡出土と同范《どうはん》のものであり、奈良時代でも早期に属すという。さらにその近辺ならびに香山寺出土の瓦を詳しく分析した森郁夫氏は、瓦の年代から香山寺は遅くとも天平初年には造営が開始されたと推定している。

この瓦による建立の推定年代は、『続日本紀』のいう山房の造営時期と一致する。香山寺も山房造営の一環として建てられたのであろうか。幸いこのことが明らかとなる正倉院文書が存在する。

香山寺も山房のうち

正倉院には、写経司《しゃきょうし》が行った写経事業を年代順に記録した写経目録が残っており、天平三年(七三一)八月十日から辿ることができる。その目録中、天平八年(七三六)八月十三日の条は注目に値する。それは元正《げんしょう》太上天皇の病気平癒を祈願するために、皇后宮職《こうごうぐうしき》の大進《だいじょう》が光明皇后の意向を受けて、「新翻薬師経」、すなわち玄奘《げんじょう》訳『薬師瑠璃光如来本願功徳経《やくしるりこうにょらいほんがんくどくきょう》』一巻を四部、「本願薬師経」、すなわち達摩笈多《だるまぎゅうた》訳『仏説薬師如来本願経』一巻を三部、計七巻を八月十三日付で写経司に書写するよう伝え、八月二十日に山房に納めたというもので、各巻とも朱頂軸《しゅちょうじく》仕立てで色紙と黄紙を使い、立派なものだったらしい。

『続日本紀』によると、確かに聖武天皇は天平八年七月十四日、元正太上天皇の病気平癒を願って詔を出し、都下の大安《だいあん》・薬師・元興《がんごう》・興福の四大寺に七日間の行道をさせ、京・畿内を含む諸国の人々や僧尼の病人には湯薬を支給し、高年百歳以上に米穀四石、九十以上に三石、八十以上に二石、七十以上に一石を、さらにしかるべき生活困窮者等にも賑恤《しんじゅつ》(給付)するようにと指示した。

元正太上天皇の病気平癒を祈念しての賑給《しんごう》は、天平八年度の薩摩国正税帳《しょうぜいちょう》にもその実施状況が記されているから、全国的で大規模だったことがわかる。したがって寺院での祈願は都下の四大寺だけでなく、しかるべき寺院においても行われたはずである。この記事の場合、皇后宮職と関係のある「山房」では、この寺院にふさわしい経典として二種の新調した薬師経の支給を受けたことになる。

実はこの記事部分の写真版を見ると、文中「山寺」の「寺」の右横に別筆で「房」と書き込みがある。つまり「山寺」を「山房」と訂正している。ここにいう「山房」とは、かつて家永三郎氏が『続日本紀』の「山房」と同一視し、さらには天平十一年七月十二日付の「金鍾山房」に当たるとする根拠になったもので、以後これが一般的理解となっていた。

しかしその後、山堺四至図の「山房道」の注記、さらにこの記事を拠り所として家永説に疑義が出され、香山寺も山房と呼ばれていたと考えられるようになった。しかも文書内容から推して、香山寺の本尊は薬師仏が想定された。

ここで留意しておかなければならないのは、香山寺は創建当初からそう呼ばれていたわけではなく、少なくともこの寺名訂正の記事による限り、天平八年八月までは「山房」と呼ばれていたこと、言い換えれば、山房造営の一環として薬師如来を本尊とする堂舎が建てられたということである。この山房がいつごろから香山寺と呼ばれるようになったかは、以上のような史料環境からは明らかにできない。

二　金鐘・福寿寺の時代

山房から金鐘山房・福寿寺へ

さて、皇太子の菩提を弔うために建てられた「山房」については、延福《えんぷく》という僧が自署して皇后宮職に宛てた「山房解《げ》」という木簡が三点、奈良市二条大路から出土していて、少なくとも天平八年（七三六）七月まではその存在が確認できる。延福は天平勝宝四年（七五二）四月の大仏開眼供養会で読師《どくし》を務めた東大寺僧である。山房創建時に択ばれた九人の智行僧の一人かもしれない。

一方、前述した香山寺が「山房」として登場するのも天平八年八月の文書であった。したがってこの時点まで、山房は聖武天皇にとっては観音信仰の、光明皇后にとっては薬師信仰の、さらに二人にとっては阿弥陀信仰の、それぞれ基親王を偲ぶ霊場であったことが確認できる。ところがその後、このような山房に対する霊場観に変化が起こったようである。

目下知られている限りでの山房に係わる史料のうち年代的に続くのは、天平十一年（七三九）七月十二日の日付をもつ二通の正倉院文書である。これらはいずれも皇后宮職から一通は右衛《うえ》士府《じふ》に、もう一通は左衛士府《さえじふ》に出された文書の案文である。内容はそれぞれの衛士府から皇后宮職に出向している記名の「火頭《かとう》」をこの日付で衛士府に返すか、あるいは留任させるかを各衛士府に通告したものである。これまで研究者の論文ではたびたび引用されてきたが、重要だと思われるので、ここで改めて紹介してみよう。

「火頭」とは匠丁や衛士のための炊事を担当した役夫《えきふ》のことである。役夫は食事と賃金の支給を条件に諸国から徴発され、国家のさまざまな造営事業に従事した。まず右衛士府宛のものは、記名の四人の火頭のうち一人は返すが、三人は来年七月まで留めてもう一年使役したいと伝え、左衛士府宛のものは同じく九人の火頭のうち六人は返すが、三人は留めて同じく使役したい旨を伝えている。

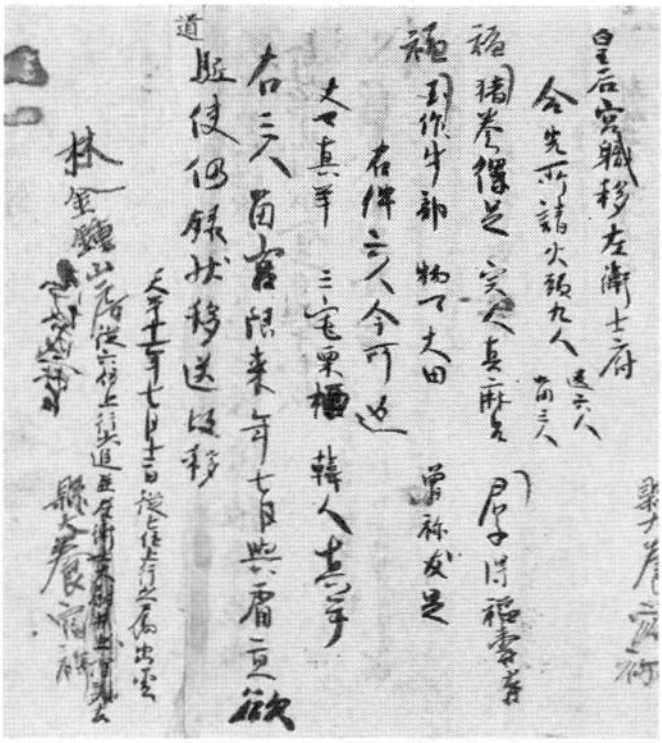
皇后宮職移（金鍾山房）（正倉院）

問題は左衛士府宛文書の追筆である。写真版を見ると、返還するとした六人のうち、三人については別筆で、君子得《きみのしとく》には「福寿寺」、猪養得足《いかいのとくたり》と玉作牛《たまつくりのうし》部《べ》には「福」と添書きがあり、さらに年紀の次の行の上部、いわば欄外に「林金鍾山房」と追記されている。左衛士府宛文書には林姓は見られず、これは右衛士府宛文書の「林犬麻呂《はやしのいぬまろ》」を指すのであろう。林犬麻呂は留任とされているのに対し、君子得以下の三人は返還予定者に入っている。つまり、衛士府に返されるのか、皇后宮職に留まるのかはともかく、これら四人の火頭については皇后宮職の差配を受ける出向先が明示されていることになる。しかも「金鍾山房」と「福寿寺」とが一紙に併記されているということは、これらが別個の寺院であることを予想させる。当然のことながら、火頭が出向しているということは、衛士もこれら金鍾山房や福寿寺に出向しているわけで、なんらかの造営事業の警備に当たったのであろう。

ここで重要なのは、福寿寺も金鍾山房も皇后宮職に係わりのある組織と考えられることである。福寿寺はともかく、金鍾山房も皇后宮職に関連があることは看過すべきではない。国家的事業に携わる官僚、当時の言葉でいえば官人にとって、いずれの指揮命令系統に属すかは重大な関心事のはずだからである。

光明皇后の写経事業

それでは天平八年八月から十一年七月までの三年間に、山房のおそらく一角が改称されるような、何か国政上の事件があったのであろうか。思い当たるのは、天平十年(七三八)正月十二日の阿倍内親王の立太子以外にはない。まず福寿寺を取り上げるとして、「福寿」とは光明皇后が発願《ほつがん》した、いわゆる天平十二年五月一日経の願文《がんもん》に出る語句であった。

光明皇后はかつて皇后になる以前、男子出産を願い、次いで夭折した基親王の菩提を弔って、一部六〇〇巻に及ぶ膨大な『大般若波羅蜜多経《だいはんにゃはらみたきょう》』の写経を二度も発願した。当時『大般若経』は国家鎮護や除災招福に霊力があると信じられ、これを写経することは仏教信仰の証でもあった。天平元年(七二九)に皇后に立てられると、その思いはいっそう深まった。

皇后宮職で組織的な写経事業を行うようになり、天平八年には皇后宮職内の写経所で一切経《いっさいきょう》の書写が始まった。そのような経過のなか、天平十年に「写経司《しゃきょうし》」が成立するが、その背景には阿倍内親王の立太子があったとされる。政治的危機を招きかねない女性の立太子であり、しかも天平九年の天然痘の大流行を経ての設置である。皇后が写経という形で国家の安定に資したいと考えるのは十分あり得る。翌天平十一年には写経司管轄下に「東院写一切経所《とういんしゃいっさいきょうしょ》」が設けられた。

福寿寺の建立

一方、こうした動きと並行して、立太子直後の天平十年三月には「福寿寺」の建立が立案された。その造営のための役所「福寿寺造物所《ぞうぶつしょ》」が設置され、福寿寺に納入するための『大般若経』の書写も始まった。この福寿寺は金鍾山房に近接して造営されたものである。やがて東院写一切経所の業務は、福寿寺内に設けられ天平十三年(七四一)に成立する「福寿寺写一切経所」に統合された。ところが福寿寺は天平十四年(七四二)七月を限りに正倉院文書から姿を消す。栄原永遠男氏によれば、天平十四年五月末をもって福寿寺写一切経所は「金光明寺写一切経所」に改称されたからだという。福寿寺が金光明寺と改称したとも受け取られかねないが、この点は前述の『要録』の「羂索院」の項「金鐘寺と名づく。また改めて金光明寺と号す」の記述が考慮され、福寿寺と金鐘寺が合併して金光明寺になったと一般的に理解されている。なお「福寿寺」は正倉院文書にしか登場しない。阿倍内親王の立太子に係わると思うが、謎の多い寺院である。

金鍾寺か金鐘寺か

さて、前述の左衛士府宛皇后宮職の文書で追筆されていた「金鍾山房」について、表現上もっとも近いのは、やはり『要録』が記す「金鐘山寺」という寺号である。「本願章」に「天平十二年(七四〇)十月八日、金鐘山寺において、良弁僧正が聖武天皇のために審詳《しんじょう》師を請うて、初めて花厳経《けごんきょう》を講じた」とある。ほぼ同じことは「諸宗章」でも語られる。

これによれば、金鍾山房がいきなり「金鐘寺」と改称したのではなく、天平十二年十月の時点では、金鐘山寺と号したことになる。天平十二年といえば、二月に聖武天皇が河内の智識寺《ちしきでら》で盧舎那仏を初めて礼拝《らいはい》し、みずからもこのような仏を造像したいと願った年である。盧舎那仏は『華厳経』の教主である。華厳経に対する理解を深めようとしていたのであろう。

ところで気になるのは、「金鍾」と「金鐘」のいずれの字を冠するのが正しいかの問題である。研究者でも意識されていないことが多い。『続日本紀』では、金鐘寺はもっぱら「金鍾寺」と表記されている。天平十六年(七四四)十二月八日の条に、「一百人を度す。この夜、金鍾寺と朱雀路とに灯一万坏を燃す」とあるのと、天平十八年(七四六)十月六日の条に、聖武天皇・元正太上天皇・光明皇后とが「金鍾寺に行幸し、盧舎那仏を燃灯供養《ねんとうくよう》された」とあるのと二か所である。「鍾」と「鐘」は同音だが意味は異なる。

基親王の「山房」に「金鍾」を冠することになった理由は何か。当時の聖武天皇や光明皇后の仏教信仰を考慮すると、命名の根拠を経典に求めたに違いない。そのようなわけで、筆者はかつて、この問題は「金鍾」の方が正しいと論じたことがある。

その趣旨は次のようなことであった。『華厳経』十地品《じゅうじぼん》には理想の国王とされる転輪聖王《てんりんじょうおう》が后妃所生の王子を立太子させる場面が描かれており、父の転輪聖王は供花《くげ》・薫香・奏楽のなか、四大海から取り寄せた香水《こうずい》入りの水瓶《すいびょう》を手ずから執って王子の頭頂に灌《そそ》ぐ。この水瓶について、仏駄跋陀羅《ブッダバドラ》による旧訳《くやく》(五世紀初)のうち、『大正新脩大蔵経』は「金鐘」と記すが、正倉院聖語《しょうご》蔵《ぞう》の経巻では「金鍾」とある。「金鍾」であれば仏駄跋陀羅以前の鳩摩羅什《くまらじゅう》による『十住経《じゅうじゅうきょう》』

にも現れる。十住経は『華厳経』十地品の先行経典であり、内容を見ると、転輪聖王の金鍾にまつわる部分は文章がほぼ一致し、仏駄跋陀羅は鳩摩羅什の訳文をそのまま転用したと見える。華厳経はその後実叉難陀《シクシャーナンダ》によって訳し直され、六九九年に完結した。十地品の当面の箇所では、金鍾は「金瓶《きんぺい》」となっている。「十地品」は元来『十地経』という独立した経典であり、そのサンスクリット本が現存しているので、翻訳本の該当箇所を見ると、「黄金の瓶」とある。金鍾とは黄金製の水瓶のことなのである。

「瓶」ということであれば「金鍾」が正しく、中国では鐘は釣り鐘の意味だが、鍾は壺の類で、古くは酒器を指した。もっとも鍾も唐代には釣り鐘も指すようになった。そこでこの語は三〇〇年近くを経た実叉難陀訳ではふさわしくないとされ、「瓶」に改めた。ところがわが国では、旧訳の『華厳経』の「金鍾」は同音のためによってか後世「金鐘」に変わってしまった。

金鍾山寺・福寿寺から大養徳国金光明寺へ

早世した皇太子を偲ぶためだったか、それとも阿倍内親王を男子と見立ててのことであったか、いずれにしても立太子式を迎えるのにふさわしい挿話で、命名の根拠が旧訳の『華厳経』にあったことは間違いない。しかもこれは天平十二年十月の華厳経初講以前のことであった。天平三年(七三一)九月の「盧舎那《るしゃな》像讃《ぞうさん》一首《いっしゅ》并《ならびに》序《じょ》」の書写以来の、聖武天皇による華厳経理解がかなり進んできた証拠であろう。

聖武天皇はこの改名のあと、天平十二年二月の河内の智識寺での盧舎那仏参拝、十月の金鍾山寺での華厳経初講に続いて、同じ月の二十九日、藤原広嗣の乱はもはや鎮圧されたと見極め、平城京をあとにし、東国行幸に出発した。新都を探り、天平九年以来温めてきた、いわば天平改新のための政治構想を実現するためだったと考えられるが、見解によっては彷徨《さまよ》える五年間と否定的な評価が下される時代でもある。しかしながら、実はこの間に重要な政策が次々と施行されているのである。このことについては後で詳しく述べることにする。

三　大養徳国金光明寺の時代

国分寺構想の発露

さて聖武天皇は天平十二年(七四〇)十二月十五日、東国行幸の終着地である恭仁宮《くにのみや》に入ってここを新都と定めた。『続日本紀』によると、明けて天平十三年(七四一)正月には早くも政治的な動きがあった。藤原不比等《ふひと》家が一族の広嗣の謀反をわびて、食封《じきふ》五〇〇〇戸を天皇に返上すると申し出たのである。しかし天皇はうち二〇〇〇戸は旧来通り藤原家にとどめ、残り三〇〇〇戸は諸国の国分寺に施入《せにゅう》して、すでに天平九年三月の詔で指示した丈六釈迦仏《じょうろくしゃかぶつ》の造像費用に充てるとした。
食封とは皇族や高位高官に与えられた俸禄のことで、登記された封戸《ふこ》の租（天平十一年改定）と調・庸および仕丁を封主に支給するもの。もっとも、藤原家の食封五〇〇〇戸というのは経緯が少し複雑であるが、このあと二月十四日に出された国分寺建立の勅のなかに、「国ごとの僧寺に封五十戸を施す」とあって、全国で約六十の僧寺を建てるとすると、三〇〇〇戸が必要となる。その意味で封三〇〇〇戸は勅の封戸数と一致するので、このことを指していることは間違いない。いずれにしても、聖武天皇にとって返上された食封は、国分寺建立のための一つの財源となった。

実はこの丈六釈迦仏造像の件に見られるように、聖武天皇は天平十三年二月十四日の国分寺建立の勅を待たずに、全国での国分寺建立の構想を天平九年三月以来、折に触れて打ち出しているのである。すなわち、天平九年八月、諸国僧尼に沐浴と月二、三度の『最勝王経《さいしょうおうきょう》』の転読、同時に民には六斎日《ろくさいにち》の殺生禁断を命じ、同じく十月に『最勝王経』を大極殿《だいごくでん》で講説させ、同じく十一月、諸国に遣使して神社を造らせ、同じく十二月に大倭国を大養徳《やまと》国と改めさせた。翌天平十年四月には国家隆平のため京・諸国に『最勝王経』を転読させ、天平十二年六月、諸国に『法華経』の書写と七重塔の建立を命じ、同じく九月には観世音菩薩像の造立《ぞうりゅう》と観世音経（法華経の一部）の書写を命じた。矢継ぎ早の指示はもっぱら疫病大流行後の諸国の安定を図るためであったが、最後に藤原広嗣の乱の鎮定が加わった。問題はこのような早い時期での指示が、大養徳国金光明寺の造営と関連があるか否かである。

大養徳国金光明寺の意義

諸国国分寺の建立が、現実的には遅々として進まなかったことはよく知られている。だが天皇の直轄地ともいうべき大倭国の場合は少し事情が違うようである。国名も大養徳国と改まっていた天平十三年十一月、右大臣 橘 諸兄《たちばなのもろえ》から恭仁宮の名付けを尋ねられた聖武天皇は「大養徳恭仁大宮」と号するようにと答えた。ここでいう「大養徳」は明らかに日本を指している。なるほど遷都によって、大養徳国に宮城は存在しなくなったが、大養徳国金光明寺には単に大倭国のためだけではなく、日本国全体のための鎮護国家の役割も込められていたのではないか。ただし後世の「総国分寺」という名称とその意義を混同してはならない。

国分寺建立の勅を見ると、国分寺、つまり金光明寺は新築が原則であった。しかし大養徳国金光明寺は新築を待つことなく、既存の福寿寺と金鍾寺とを転用することで成立した。つまり単に大養徳国という一国のための国分寺ではなく、天皇家が係わる特別な寺院ということになる。天平十四年(七四二)には金鍾寺が金光明寺と改称されていたことは、金鍾寺安居《あんご》についての同年七月十四日付の太政官符《だいじょうかんぷ》でも確かめられる。これは四月三日付の光明皇后の令旨《りょうじ》によって、四月十五日（一般的には十六日だが、『要録』所収「安居縁起」による）からの三か月間の夏安居《げあんご》を他の八か寺同様、金光明寺においても行わせたが、自今以後はこれを永く恒例とするように、安居終了日に太政官が治部・大蔵・宮内等の各省に伝達したものである。つまり翌七月十五日は金光明寺の盂蘭盆会《うらぼんえ》となるので、各省はその準備を心得るようにとの通達である。

これだけでも大養徳国金光明寺の特別な地位が知られるが、翌天平十五年（七四三）正月に至って、聖武天皇は決定的な言葉を述べた。仏法の正しい教えを広めるために、諸国金光明寺に衆僧を招き、正月十四日から高徳の僧に四十九座、つまり一日一座宛て四十九日間『金光明最勝王経』を転読させる。その間は天下も殺生を禁じる。別途、大養徳国金光明寺では立派な法会（最勝会）を設けて、「天下の模」とさせる。以上のような趣旨を詔勅ではなく「詞」の形で出した。内容は具体的であり、僧侶たちに金光明寺、つまり国分寺建立の意義を徹底させようという強い意志がうかがえる。

ここで注目したいのはむろん大養徳国金光明寺の件で、全国の模範とさせるとは、大倭国一国のための国分寺を意図していないことは言うまでもない。そうであれば、それなりに寺観もととのえなければならない。

大養徳国金光明寺の寺観

前述の『続日本紀』の天平十六年十二月八日の記事「一百人を度す。この夜、金鐘寺と朱雀路とに灯一万坏を燃す」は金光明寺と改称後も、金鐘寺の寺名がそのまま使用されていたことを示すが、この時点で金鐘寺が、少なくとも南面した金堂を備え、南に朱雀路と呼ばれるような立派な道路が続く、そのような伽藍をなしていたことがわかる。なおここでいう「朱雀路」とは平城京の中央を南北に走る朱雀大路のことではない。この燃灯供養が何の目的で行われたのか明確ではないが、第一にはこの年、聖武天皇が百寮に勅を下して「知識華厳別供《ちしきけごんべっく》」を創設したことが挙げられる。その意味するところは、華厳宗を設立するに当たって、何らかの財政措置を講じたということであろうが、詳細は不明である。時あたかも金鐘寺、公的には金光明寺の伽藍もほぼ完成し、その祝賀を込めて釈迦成道会《じょうどうえ》に当たる十二月八日に燃灯会を催したということであろう。

実は金光明寺の中心伽藍には丈六釈迦仏像の存在が不可欠であるが、幸いその存在を確認できる史料が正倉院文書に二点ある。その一つは天平十七年(七四五)正月七日、「丈六堂」の戸障子に貼るために、金光明寺写一切経所から播磨紙二十巻四〇〇張分を支出するとするもの。膨大な障子紙を要する建物だということになる。支出の担当者は田辺真人で、真人は天平十四年六月三日付福寿寺写一切経所解《げ》に署名していた。なお、この丈六堂は聖武天皇による釈迦三尊造立の指示からすると、像高八尺、約二・四メートルの坐像を本尊としていたことになる。

他は年紀を欠くが、二月二十七日付葛野古麻呂《かどののこまろ》の書状により金光明寺写一切経所が打紙《うちがみ》作業を依頼され、佐伯若子(今毛人)が、もし駈使《くし》・仕丁ら人手が足りなければ、「造丈六院」銅守の優婆塞《うばそく》らを用いるよう同所に指示したもの。この文書を載せる『大日本古文書』は年紀を天平十八年に置くが、佐伯今毛人が優婆塞司を担当した頃とすれば、天平十七年とすべきであろう。

これら二点の文書を勘案すれば、遅くとも天平十七年二月までの時点で、金光明寺には金銅造の丈六釈迦仏像を安置する丈六堂があって、その堂舎の造営を担う「造丈六院」という役所があり、そこには優婆塞を銅守として守衛の任務に就かせねばならないほど大量の銅が保管されていたということになる。金銅造丈六釈迦像が安置されていたとなると、堂内にはそれ相応の脇侍《わきじ》菩薩像や天部の諸尊像も配置されていたに違いない。天平十五年正月には天下の模範となる最勝会も催された。大養徳国金光明寺の金堂にふさわしい規模の堂舎だったと考えられるが、どこに所在したのであろうか。痕跡はまったく知られていない。

丈六堂の所在地

これまで述べてきたように、金鍾寺と福寿寺が合併して大養徳国金光明寺が成立した。『要録』が伝えるように、金鍾寺の前身が現法華堂の羂索堂を中心とする羂索院だとすると、この寺域に丈六院伽藍の敷地、それも南方に朱雀路が開けるというような空間は現状の地形からは到底得られない。少し西に下った鐘楼の丘も狭隘で、南は急な坂になる。大仏殿建立前の自然地形の推定復元図を参照しながら丈六院伽藍の立地を探しても、残るは現在の大仏殿辺りしかない。

そこで疑問に思うのは、天平十四年五月に福寿寺と金鍾寺とが合併して金光明寺になったとして、それから果たしてこれら正倉院文書が伝える丈六院伽藍が、『続日本紀』のいう天平十六年十二月までに完工できるか否かである。金銅造丈六像の鋳造、丈六堂の建設だけを取り上げても、二年余りという短期間ではむろん不可能で、丈六堂の着工は合併以前にすでに始まっていたと考えるほかない。つまり丈六釈迦仏を祀る堂舎の建設は、天平十年三月以来の福寿寺造物所による造営事業の一環だったということである。

福寿寺の造営に皇后宮職が係わったことは明らかである。そうであれば天平十五年正月の「天下の模」となる大養徳国金光明寺での法会も可能であろう。ところが天平十三年二月の国分寺建立の勅を受けて大養徳国金光明寺創建が国家で検討されたさい、福寿寺と金鍾寺とは合併というよりもむしろ、聖武天皇の意向が強い金鍾寺に福寿寺が吸収されるという形で処分されたと考えられる。おそらくそれが天平十四年七月を限りとして、福寿寺が文献に現れなくなった主な理由であろう。なお金光明寺の造営そのものは皇后宮職の手を離れて、金光明寺造物所が担ったが、役所名については見解の相違がある。

平城京還都による状況の一変

さて、次章で詳しく述べるが、六年間にも及んだ天変地異に生きる気力を失った天下の民を救う手段として、聖武天皇は全国に国分寺を建立するとともに、新都の国分寺に盧舎那大仏を造立することを計画した。当初恭仁宮を新都と定め、国分寺建立の詔を出し、恭仁京の造営に掛かったものの、恭仁京では大仏造立の立地に適さないと判断したのか、恭仁宮から東北に離れた近江国甲賀郡紫香楽宮《しがらきのみや》で大仏造立を発願した。天平十五年十月十五日のことであった。天皇は直ちに甲賀の寺地を定め、翌十六年十一月にはこの甲賀寺での盧舎那仏像体骨柱建立の儀式に臨んだ。さらに翌十七年正月には紫香楽宮を新京と宣言、同じく四月二十五日には、やがて東大寺大仏の大仏師として活躍する国君麻呂《くにのきみまろ》を六階級特進の外従五位下に叙した。とてつもない昇格である。おそらく原型となる塑造の大仏造立に功績ありと認められたからであろう。

このように造立工事は順調かと思われたが、その直後の四月二十七日、突如大規模地震が発生した。地面が大きく揺れ、一晩中収まらない。大きな余震は三日三晩続いた。震源は美濃国であった。地震学の推定ではマグニチュード七・九、震源地は北緯三五度二五分、東経一三六度五〇分、現在の岐阜市の辺りという。紫香楽からは近い。

余震は二週間以上続き、塑造の大仏像はもろくも崩壊したはずである。人々は天地諸神が天皇の政治に反対していると恐れ、紫香楽宮から恭仁京へ、恭仁京から平城京へと、雪崩を打つように去っていった。聖武天皇は百官や四大寺の僧に勧められて、天平十七年五月十一日に平城京に還都した。

傷心を懐いたに違いなく、後日「治道に失あって多く民を罪に陥れた」との勅を出したほどであったが、聖武天皇は大仏造立を諦めなかった。太政官や百官、僧綱《そうごう》や内侍《ないし》の僧なども加わって大仏造立の新たな立地が検討されたであろう。ここで思い起こされるのは、光明皇后崩伝《ほうでん》の「東大寺と国分寺の創建はもと皇后の勧めしところ」という記述である。国分寺はともかく、東大寺の造営について光明皇后の係わりを伝える直接的史料は他にない。しかし、こうした場面での皇后の言葉の重みが崩伝に反映されたのかもしれない。結局、金鍾寺、すなわち大養徳国金光明寺の丈六院の敷地、つまり現東大寺大仏殿の土地が選ばれた。盧舎那仏を本尊とするということであれば、金鍾寺は天平十二年の初講以来、華厳経講説の伝統が根付いていた。

丈六堂の処分と法華堂

大仏殿の敷地を選定するとなると、まず既存の丈六院伽藍を破却し、更地にしなければならない。金銅造丈六釈迦像や堂内の諸尊像の処分も決めなければならない。これらは苦渋の決断を要する政治的かつ宗教的問題であった。しかし記録はまったくない。想像をたくましくするしかすべはないが、まず金銅造の丈六釈迦像はやがて大量の銅が必要となる盧舎那大仏造像の一助にする、いわば盧舎那大仏像に化身することになった。華厳宗の教えでは、悟りを開かれた釈迦はそのまま毘盧遮那仏《びるしやなぶつ》(盧舎那仏)になられた、「釈迦即毘盧遮那《しやかそくびるしやな》」と理解する。他の脇侍菩薩像については不明ながら、天部の諸尊像については羂索堂に移安することになった、つまり現在法華堂に祀られている巨大な乾漆八天像がもとは金光明寺の丈六堂の諸尊だったのではないか、という理解である。

さきに述べたが、法華堂須弥壇解体修理のさい、八角二重基壇の下段にかつては仏像群が立っていた痕跡が発見され、それらが現在日光・月光菩薩像とされている梵天《ぼんてん》・帝釈天《たいしやくてん》像、現戒壇堂の四天王像、それに後方の執金剛神《しゆこんごうじん》像の合計七軀の塑像のそれぞれの台座と寸法が合致する。このことから、彫刻史研究が専門の文化庁奥健夫主任文化財調査官は、これら七軀の塑像は本尊乾漆造不空羂索観音像と一具のものであることを明らかにした。

創建当初、法華堂、つまり羂索堂にこれら塑像の諸尊像が安置されていたとすると、現在法華堂内に安置されている巨大な梵天・帝釈天、四天王、金剛力士の乾漆八天像は、年代的に遅れて入ってきたことになる。すると、これら巨大乾漆八天像が本尊不空羂索観音像と像高が釣り合わないこともうなずける。ただ乾漆八天像を安置するとなると、当初からの塑像群と教義上重複することになる。この点、梵天・帝釈天と四天王の六天は言うに及ばないが、執金剛神に当たる金剛力士は阿吽《あうん》の二軀に分かれていた。つまりこれまでの塑像七天と異なり、守護神群が八天で構成されているわけで、このような一体のものとしての八天像は、東大寺に現存する「金光明四天王護国之寺」(国分寺)の巨大な扁額の周囲に配されている八天像を思い起こさせる。言い換えれば、法華堂の乾漆八天像は、大養徳国金光明寺との関連が予想されるのである。

おそらくその当時に出された結論は、内陣の構造を改変し、八角二重基壇上の宝殿は撤去、同じく塑像の梵天・帝釈天と四天王の六天像を他堂に移し、執金剛神は厨子に安置するということだったろう。

確かに、他堂に移された塑像のうち、梵天・帝釈天像は日光・月光菩薩像と名前を変えて薬師如来の脇侍に転用され、やがて江戸初期にふたたび法華堂に戻ってきた。一方の四天王像はどこに移ったか不明であるが、中世には中門堂に安置されていたようで、江戸期に再建された戒壇堂に移った。諸仏諸尊像も歴史に翻弄されてきたのである。

大仏造像工事再開に向けて

丈六院伽藍の処分と整地を済ませたあと、早くも天平十七年八月二十三日には、この地での大仏土座築造始めの儀式が行われた。大仏殿建立の由来等を記した『要録』所収「大仏殿碑文」によれば、「天皇は御袖に土を入れ、持ち運んで御座に加え、しかる後、氏々人等を召集して土を運ばせ、御座を築き固めさせた」という。まさにこの日、東大寺大仏造立事始めの儀が行われたというのである。『要録』の「本願章」では、事始めの儀の模様がより具体的に記されていて、「氏々人等」のところが「公主夫人《こうしゅぶにん》命婦《みょうぶ》采女《うねめ》文武官人《ぶんぶのかんじん》等」となっている。天皇みずから土を運んだことに倣い、光明皇后や阿倍内親王、夫人の県犬養広刀自《あがたいぬかいのひろとじ》や皇族の女性たち、高位の女官や後宮女官、文武百官らがこぞって土を運び、大仏の土座を築き固めたとある。

いよいよ造立工事が再開されるわけであるが、それにつけて宮中では前もって注目すべき行事が行われていた。『続日本紀』によれば、一週間前の八月十五日に「無遮大会《むしゃだいえ》を大安殿に設けた」とある。無遮大会とは仏教行事の一つで、国王が施主となり、僧尼・貴賤の別なく、すべての人々に供養し布施する大会のことである。『華厳経』にもそうした物語が伝えられているが、玄奘は六三〇年頃、今のアフガニスタンで実見した国王による無遮大会を『大唐西域記』に報告している。『要録』本願章でもこの大会のことは『続日本紀』から転載しているので、編纂者はこれが東大寺に係わる行事だったと認識していたのであろう。おそらく、天皇・

皇后ばかりでなく貴族や女官たち、大勢が何らかの持ち物を三宝に寄進し、大仏造立への賛意を示したのであろう。まずは宮中の結束を固めなければという聖武天皇の意図がうかがえる。

造像の基礎工事は順調に推移したらしく、天平十八年(七四六)十月六日には原型となる塑造の盧舎那仏像の燃灯供養が催された。『続日本紀』はこの日、聖武天皇・元正太上天皇・光明皇后が「金鍾寺に行幸したまひて、盧舎那仏を燃灯供養したまふ。仏の前後の灯一万五千七百余坏。夜、一更《いちこう》に至りて数千の僧をして、脂燭《ししょく》を擎《ささ》げ、賛歎供養して、仏を繞《めぐ》ること三匝《みたび》せしむ。三更《さんこう》に至りて宮に還りたまふ」と伝えている。

金鍾寺とは大養徳国金光明寺のことである。盧舎那仏像の前後に一万数千の灯明を並べた光景は、さぞ壮観だったであろう。むろん野外であるので、風に吹かれても消えないよう一坏の灯明はかなり大きなものだったはずである。夜になると供養会が始まり、数千の僧侶が赤々と燃えさかる脂燭を手に捧げ、声明《しょうみょう》を唱えながら盧舎那仏のぐるりを三周した。聖武天皇一行は三更、つまり午前零時ごろになってやっと平城宮に帰ったという。法会の格式といい規模といい、実に盛大かつ華やかな夜の行事であった。

この塑造の盧舎那大仏像の制作には、先年外従五位下に叙せられた国君麻呂が活躍したことであろう。天平十八年十一月一日付、金光明寺造物所告朔解案《こうさくげあん》に造仏長官外従五位下国(君麻呂)として、造物所長官を兼務している市原王とともに署名している。なおこのとき同じく署名している佐伯今毛人は大養徳国少掾《しょうじょう》従七位上の地位にあった。

翌天平十九年(七四七)三月十六日、大養徳国はもとの大倭国に改まった。平城還都後の政治の歯車はもとに戻った形だが、大仏造立事業は変わりなく、同年九月二十九日、いよいよ大仏の鋳造が始まった。東大寺あるいは東大之寺という寺名が文献のうえに現れるのは、この年の十二月からである。金鍾寺あるいは大養徳国金光明寺の造営を担ってきた金光明寺造物所という機構も、翌天平二十年には造東大寺司に漸次移行していった。いよいよ「東大寺」が姿を現してきた。

第二章　責めは予一人にあり

――聖武天皇の政治観

一　学習の時代

なぜ盧舎那大仏造立を願ったか

聖武天皇はなぜ巨大な盧舎那仏を造ろうと願ったのか。ある日本古代史研究者によれば、聖武天皇は天平十二年二月、河内の智識寺《ちしきでら》で盧舎那仏を拝し、「則《すなわ》ち朕《われ》も造り奉らむ」と思い、それが動機となって天平十五年十月に大仏発願《ほつがん》の詔を出し、それ以降はあまり政治を顧みることなく大仏造立《ぞうりゅう》に邁進したという。果たしてそれが真実なのか。筆者にとっては長年の疑問であった。人の心に分け入ることははなはだ困難なことである。ましてや国家の最高主権者である天皇である。その真意を読み解くにはよほど慎重でなければならない。それでも敢えて踏み込まねば、聖武天皇についての既存の評価を超えることはできない。そうした思いで筆者は長年、聖武天皇に取り組んできた。

聖武天皇は『華厳経』を深く理解し、それに基づいて盧舎那大仏を造った。いわば仏教の説く世界を現実の世界に生かそうとしたが、それは天皇の政治姿勢ときわめて密接な関係にある。そこで本章では、天皇がどのような思いで民を治めてきたのか、その政治思想の展開をたどることによって、大仏発願がその帰結だったことを明らかにしたいと思う。

法と国家観

日本の古代国家が一種の法治である律令体制を採ることになったのは、六六三年の白村江の敗戦がきっかけである。天智天皇(称制六六一～在位六六八～六七一)は唐の侵略に備えて軍事上の防衛線を敷くとともに、唐の律令法の継受を決断し、戸籍の編纂を手掛けた。六七〇年のことである。

六七二年、壬申の乱に勝利し、中央集権体制を手にした天武天皇(在位六七三～六八六)は、日本独自の律令法の制定を目指した。それと同時に、天皇の地位をめぐる権力闘争をできるだけ避ける手段として、みずからの神格化を図った。それは「権力」を「権威と権力」とに二分するものだった。

天武天皇は志半ばで病に倒れたが、この二つの流れは皇后の持統天皇(称制六八六～在位六九〇～六九七)に受け継がれ、天皇は即位時に群臣から神々と同様の拍掌をもって拝礼を受けた。一方、律令の編纂はおよそ三十年を要し、文武天皇(在位六九七～七〇七)のときに「大宝律令」として結実した。七〇一年のことである。唐の律令そのものでなく、独自の体系的な法を持つ意義は大きい。文武天皇は大宝律令が完成すると、三十三年ぶりに遣唐使を派遣し、国号を初めて「日本」と名乗った。

八世紀の東アジアには、人間が社会的秩序を維持するための価値観、つまり「法」が広く成立した。日本の場合、律令の制定者には、これまで地方豪族の私的な領民であった人民を天皇の民、つまり公民（おおみたから）として登録し、公民にできるだけ公平に農地を分け与え、豊かな暮らしをさせるとする意図があって、生まれたのが班田収授法であろうかと考える。

ところでこうした法は執行者である国家による強制を伴うものである。すると律令制を施行することになった日本の場合、国家という観念が存在したのか否か、もし存在したとすれば、それはどのような形で表現されるのか、具体的に確認しておくことが望まれる。それはまず古代天皇の即位の宣命《せんみょう》に見ることができる。

神亀元年（七二四）二月に即位した聖武天皇の宣命は「現神《あきつかみ》と大八洲《おおやしまぐに》知らしめす倭根子《やまとねこ》天皇《すめら》が詔旨《おおみこと》らまと勅《の》りたまふ大命《おおみこと》を親王《みこたち》・諸王《おおきみたち》・諸臣《おみたち》・百官人《もものつかさのひとども》等、天下公民《あめのしたのおおみたから》、衆《もろもろ》聞きたまへと宣《の》る」という文言で始まる。文意は「現神にして大八洲という日本国の領土を統治する天皇が宣言文を読み上げるから、親王・皇族・群臣・官僚、それに天下公民、諸々はよく聞くように」というもので、宣布の対象が告知される。実はここには国家という概念を成り立たせる三要素、主権・領土・人民が見事に盛り込まれている。ただ主権者の天皇は一般の人間では超えることのできない神秘性をもった現人神《あらひとがみ》であることが、冒頭の「現神」で宣言される。

次いで宣命は「歴代の天皇は高天原《たかまのはら》に住む皇祖の神々から日本国統治の権限を負託され、それを次々と継承してきた」と続く。神々から負託されているとは、いわゆる王権神授説に通じる概念で、統治権の由来が皇祖神に求められている。したがって天皇は統治権を負託してくれた皇祖神に対して統治についての責任を負うことになる。

では天皇は、皇祖神から負託された統治権をどのように行使するのか。「大八洲」という日本国に住んでいる人間は、すべて天皇の公民であるので、歴代の天皇と同様、新天皇も国土を立派に治め、その民を「撫でるがごとく慈しむ」ように行使するのである。これは聖武天皇が即位に当たって、主権者としての姿勢を示したもので、天皇の宣命は直ちに駅馬の制度を使って全国に通告された。

また古代国家の天皇がどのような国家観を持っていたかは、元正天皇(在位七一五〜七二四)の詔にその典型を見ることができる。天皇は霊亀元年(七一五)十月七日、「国家の隆泰《りゅうたい》は、要《かなら》ず民を富ましむるに在り。民を富ましむる本《もと》は、務《つと》め、貨食に従ふ。……」と詔した。国家が隆盛かつ安泰であるためには、まず人民を豊かにすることが必要であり、人民を豊かにするには政治の視点を人民の経済に向けることだ。衣食が足りて家に賑わいがあれば、刑罰は定められていても適用することもなく、太平の世になろうというものだ、と。

元正天皇は聖武天皇の伯母である。聖武天皇の父、文武天皇がわずか二十五歳で亡くなり、聖武天皇はまだ七歳と幼かったので、成人するまでの中継ぎとして、まず文武天皇の母、元明天皇（在位七〇七～七一五）が即位し、その後を元正天皇が継いだ。したがって、政治についての特別な教育を受けているわけはなく、この詔は天皇を補佐する官僚の作文によるものと考えられる。実は当時の官僚たちは、幼少時から「経史《けいし》」と呼ばれる教育を受けることになっており、この元正天皇の詔は経史の「史」に当たる『漢書』食貨志《しょっかし》を参考にしているのである。

経史とは何か

律令制の思想的基盤となっているのは「経史」である。経史の「経」とは儒教の経典、とくに『論語』と『孝経』、それに『易経』などの五経を指す。「史」とは、中国古代の歴史書、とくに『史記』『漢書』『後漢書』の三史を指す。むろん大宝律令の条文は、唐の律令の条文を参考にして作られているが、天皇が新たな政策を打ち出す場合、その根拠として経史から選んだ文章を添えることが多かった。

思うに、これらは中国が長年にわたって培ってきた権力者の立場からする統治のための哲学と経験則を結集した古典であり、帝王学の教科書である。これを古代の日本は受け継ぎ、支配者層の子弟は皇太子も含めて、かならず学ばねばならないとされた。

聖武天皇は即位後、次々と新しい政策を出しているが、その内容を見ると、どうやら十年間の皇太子時代に帝王学として学んだことを実際の政治に生かそうとしたらしい。天皇は即位翌年の神亀二年(七二五)十二月、罪人の刑罰を軽減する詔を出した。
「死せる者《ひと》は生くべからず、刑《ぎょう》せらるる者《ひと》は息《いこ》ふべからず。此れ先典の重《たっと》ぶる所なり。」
内容は「いったん死刑になればもはや更生の道がなく、〔肉体を傷つける〕刑罰に処せられれば、それは一生ついて回って心が憩うことがない。これは古典が重視している教えである」というもので、「先典」とは『史記』や『漢書』を指している。実は、聖武天皇の詔は前漢の第五代文帝(在位紀元前一八〇~前一五七)の一つの逸話から引用しているのである。文帝は善政を施した皇帝として高く評価されている人で、聖武天皇はこの逸話以外にも文帝の治世を参考にしている。これにより天皇は死罪以下それぞれ罪一等を減じて、刑罰を下げさせた。これは罪人に対して憐れみの心を掛けるという天皇の姿勢を示している。

次に取り上げたいのは天皇の医療行政で、神亀三年(七二六)六月十四日の詔で新たな方針を打ち出した。

「慢性病や重病に苦しむ人民がいるが、朕は民にとって父母であるから、全国それぞれに医師を派遣し、薬を与えて治療に当たるように、また病の軽重により、米等食料を下賜するように」と。全国規模というのはこれまでの天皇には見られない。詔の文言中に「朕は父母とあり」とあるように、この施策の根底には、君主は民の面倒を見るものとする、国家を家族に擬《なぞら》えた擬制的家族国家観がある。中国の皇帝が理想とする国家観なのである。

官人制度改革

聖武天皇は他にも新しい政策を打ち出すが、丸三年も経つと、いかに自分が立派な政治をしようと思っても、結局はその政策を実行する官人、今でいう官僚がそれを忠実に実行してくれなければ、実効を伴ったものにならない、つまり自分の意思は民に届かないと気付き、中央と地方の官人の綱紀粛正と官僚制度の改革を断行した。

手始めは神亀四年(七二七)二月二十一日の勅で、左大臣長屋《なが や》王以下、文武百官の幹部たちを宮中の内安殿に召集して厳命した。

そのなかの注目すべき文言は、「自分は宮殿にあって官人の勤務の実態に詳しくないので、各省の長官は主典以上の幹部たちの勤務態度を包み隠さず査定し、つぶさに名前を連ねて奏上せよ」というもの。当時、中央官庁は八省あり、各省の長官は官人の勤務成績を四等、つまり最上・次上・中等・下等に分けて「官人善悪之状」という勤務評定報告書を天皇に提出、その十日後、天皇から賞罰があり、上二等には褒美が下賜され、中等にはなく、下等は官職を解任もしくは降格となった。

一方、地方官については全国に国司の業績を査定する巡検使が派遣された。十か月後、その復命によって、成績は上中下の三等に分けられ、上等は位を二階級特進、中等は一階級昇進、下等はすでに上申されていた勤務評定を破棄させた。しかも、もっとも法を犯すことのはなはだしかった国司は位階・勲位をすべて剝奪となった。知事に匹敵する国司の長官では丹後守従五位下羽林兄麻呂《うりんのえまろ》が流罪、課長級では周防国の目川原石庭《さかんかわらのいわにわ》が除名となった。一方、業績優秀で貴族になった者として背奈行文《せなのこうぶん》の名が残っている。背奈は滅亡した高句麗の王族の子孫である。いずれにせよ、これまでの二人の女性天皇時代にはこのようなことはなく、官人たちは震え上がったに違いない。

聖武天皇は内外《ないげ》五位制など、その後も困難な官僚制改革を推進した。それはこれまで差別を受けていた畿外出身の優秀な人材を抜擢するもので、その結果、おそらく長屋王は保守派の頭目としてこれに抵抗したが、結局、排除された。これら一連の対応を見ても、聖武天皇は現実を見据えた政治感覚の持ち主だったことがわかる。この官僚制改革によって、天皇は官僚に牛耳られるのではなく、逆に官僚は使いこなすべき存在となった。

釈教に学ぶ

この頃の聖武天皇の政治の基本は経史、つまり、支配者がその仁徳でもって治めるという徳治にあったが、天皇は「釈教」と総称されていた仏教についても一定の配慮を怠らなかった。天皇は即位の翌年、社寺の境内が穢臭に満ちているようでは神仏を敬う心は生まれないとして、国司の長官に社寺の境内の清掃を命じた。その折、寺院については清掃に加えて、『金光明経《きんこうみょうきょう》』を読誦して国家平安を祈らせるように、この経典がなければ新訳の『金光明最勝王経《さいしょうおうきょう》』でも構わないと指示した。

『金光明経』はかつて天武天皇や持統天皇が非常に重視した経典であった。その後はほとんど顧慮されなかったが、それを聖武天皇は二十年ぶりに復活させたのである。およそ経典には説法の対象者が特定されているが、その意味では『金光明経』は国王のような支配者のために説かれた経典である。ここには「国家」とは何かの問題が含まれており、仏教による政治思想を見出すことができる。つまり、そこには即位の宣命で見られたと同様の王権神授説を認めることができる。

みずからの主権を神から与えられている以上、国王は、その統治の責任を神々に対して負わねばならない。それは取りも直さず、王たる者はそれなりの気構えをもって統治に当たらねばならないことを意味した。聖武天皇はこの『金光明経』の教説に深く動かされたようで、その後も脳裏から離れることはなかった。

盧舎那像讃一首并序の筆写

皇太子が亡くなった翌年、神亀六年(七二九)は国家の根幹に係わる節目の年であった。二月には長屋王の変が起こり、八月には年号が天平と改元され、さらに藤原光明子《こうみょうし》が皇后となった。しかし一方では、班田収授法に基づく口分田《くぶんでん》班給の全面的見直しという、国家経済の動向を見据えた行政改革が立案され、粛々と実行に移された。

聖武天皇は諮問と聴許に多忙を極めたに違いないが、それでも学習することを怠らなかった。正倉院に現存する天皇直筆の『雑集《ざっしゅう》』はその精華である。これは約二万余字に及ぶ長大なもので、巻尾には「天平三年九月八日写了」の奥書がある。七三一年、聖武天皇三十一歳のときの筆写である。

『雑集』の内容は六朝時代から唐代にかけての詩文集から一四五篇を選んで書写したもので、全体的に仏教関係のものが多い。しかも、そのうち僧釈霊実《しゃくりょうじつ》の手になる三十首は当時最新作といえるほど年代的に近い。すなわち、一部に「大唐開元五年歳在丁巳九月日」と年紀があり、これは西暦七一七年、わが養老元年に当たる。釈霊実は中国の越州、現在の紹興の名文家で、当地に赴任もしくは訪問した官人や当地の搢紳《しんしん》・僧侶などの求めに応じて文章を綴ったり詩文を書いたりしていたが、やがてそれらを『鏡中集』という書物に編んだ。

聖武天皇が『雑集』を写したのは七三一年であるから『鏡中集』がわが国にもたらされたのはそれまでの十四年のあいだとなるが、この間に帰国した遣唐使は、養老二年(七一八)十二月に帰朝報告をした遣唐使多治比県守《たじひのあがたもり》一行しかない。興味深いのは一行のなかに道慈《どうじ》(七四四年没）が加わっていたことで、彼が帰国間際に、まだ成立して間もない『鏡中集』を越州などで入手したのであろう。聖武天皇がいかなる目的で、『雑集』を編纂し書写したか、いまのところはっきりしないが、『鏡中集』から三十首を選んだということは、道慈が編纂の手助けをしたことが想定される。道慈はつい天平元年十月に律師に補任《ぶにん》され、この年に大安寺造営の責任者にも任じられていた。

『雑集』のなかに、最新の中国仏教思想が盛り込まれている詩文を採録したことは、仏教思想を中国と同時代的に受容しようとした聖武天皇の意思を感じさせる。

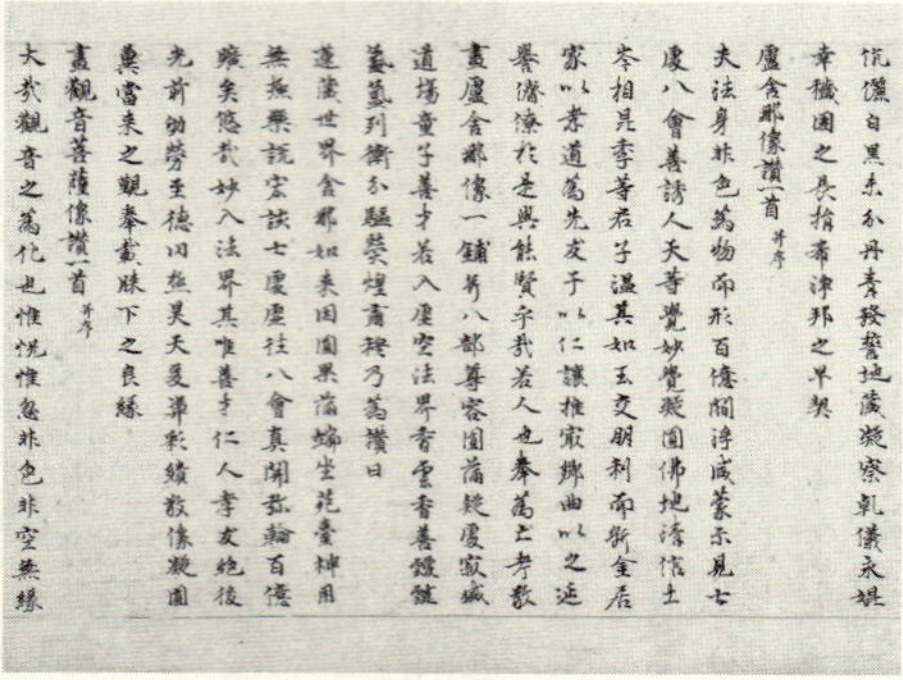

盧舎那像讃一首并序（正倉院）

実は、聖武天皇の仏教思想に大きな影響を与えたと思われる詩文が、この釈霊実集からの抜粋のなかに含まれている。それは「盧舎那像讃一首并序」の件で、のちの盧舎那大仏造立とのつながりを思わせるものである。詩文は次のように始まっている。長文かつ難解なので、要点のみに止め、わかりやすく語彙を補いながら、現代文にして綴ってみる。

「そもそも法身〔盧舎那仏〕には〔本来〕形はないが、衆生〔済度〕のために姿を現され、お蔭で百億世界のいずこにおいても、みなみ仏のお姿を見ることができる。〔『華厳経』に説かれているように〕み仏は〔天上界と地上界の〕七か所において八つの会座をもたれて、人々と神々とをよく導かれた。……うやうやしくも亡き父君のために、盧舎那仏像一軸と天龍八部衆を画かれた。その尊い容貌は円満で、寂滅道場《じゃくめつどうじょう》にいるのではないかと疑い、善財童子《ぜんざいどうじ》が〔弥勒菩薩の〕虚空のごとき法界《ほっかい》に入ったかのような心地がするほどである。……」

盧舎那仏とは『華厳経』に説かれている宇宙規模の仏の名前であるが、これによれば、聖武天皇はすでに天平三年という早い時期に、華厳経についてかなりの知識をもち、盧舎那仏とはいかなる存在か、その本質を明確に認識していたことになる。『雑集』は単なる筆写に終わるのではなく、みずからの行動原理を探し求めようとする真摯な学習だったと考えられる。

初めて冕服を着す

聖武天皇はこうした研鑽と八年に及ぶ治世の実績で自信を得たのか、天平四年〔七三二〕正月、文武百官の居並ぶ大極殿での朝賀の儀に当たって、冕服《べんぷく》という中国の皇帝が身に着けるのと同様の冕冠《べんかん》と礼服を着して臣下の拝礼を受けた。天皇で唐風の礼服を付したのは聖武天皇が初めてである。聖武天皇が着した冕服というのは果たしていかようなものだったのであろうか。

聖武天皇肖像(小泉淳作画．東大寺)

この点についてのこれまでの諸説を通読すると、大仏開眼会《かいげんえ》が儀式でいえば、あくまで仏事であるという視点が欠如しているように思われる。たとえ「その儀、一《もは》ら元日に同じ」だと記録されていても、天皇が南面して前庭に居並ぶ群臣から再拝を受ける元日朝賀と、天皇も群臣と同様に北面して大仏を礼拝する開眼会とはまったく性格が異なる。白装束で臨んだのは神事に相当する仏事だからこそである。大宝令以来の伝統を踏襲したのではない。

このときの礼服が弘仁十一年(八二〇)以降にいう袞冕《こんべん》十二章であったか否かは確たることはいえないが、中国風の袞衣《こんえ》であったことは間違いなかろう。当時の聖武天皇は、即位以来経史より学んだ中国皇帝の徳治政治を推進することを基本にしており、八年の治世の実績を踏まえて、中国皇帝の冕服を国内外に示したのである。

経史から釈教へ

ところがその年、一転して天皇に危機が訪れる。夏はまったく雨が降らず、旱魃《かんばつ》となった。

同年七月五日、天皇はみずからの政治姿勢を示す長文の詔を出した。内容は次のようなことであった。

「春より旱天が続き、夏になっても雨が降らない。百川は水を減らし、五穀は実を萎《しぼ》ませたままである。まことに朕が不徳の致すところである。百姓に何の心配があって甚だしく憔悴《しょうすい》するのか。よって京と諸国において、天神地祇《あまつかみくにつかみ》・名山大川の神々に勅使を派遣し、みずから幣帛《みてぐら》を奉ろう。また〔国郡司は〕冤罪《えんざい》だと主張し続ける者があれば、詳細に記録して中央に報告し、放置されている白骨や遺骸があれば埋葬し、民には酒を断ち牛馬などの屠殺を禁じさせよ。高年の徒《ともがら》と鰥寡《かんか》惸独《けいどく》で自存することができぬ者にはしかるべく賑給《しんごう》せよ。なお、天下に大赦を与える。天平四年七月五日の夜明け以前に刑の定まった者については、流罪以下、未決囚も懲役囚も、咸《ことごと》く免罪とする。ただし、律に定める八つの重罪犯、〔すなわち〕山賊ら群れによる強盗犯、受託収賄せる官人、保管責任官自身による納税物横領者ならびに同窃盗者、強盗犯・窃盗犯、明白な殺意による殺人犯、贋金造り、大赦対象外の犯罪者らはこの限りではない。」

天災が為政者の不徳の結果なのだとする考え方は、現代人には理解できないかもしれないが、実際に災害が起こり、困窮者が発生すれば、その救済は為政者の務めとなる。これは政治の原点ともいうべきものであろう。諸国の国司や郡司に対する天皇の指示は、こうした政治思想を踏まえてのことである。この指示が実際に全国規模でなされたことは、正倉院文書の佐渡国正税帳《しょうぜいちょう》で確かめることができる。

天平四年は実りが得られなかったので、翌年は飢饉になり、人々は飢えに苦しんだ。しかも、その翌天平六年(七三四)には大地震が起こった。危うさの前から逃げようとする人間は多いが、天皇は逃げずに、むしろ自分の政治に対する反省の契機とした。天皇は多忙な政治の合間にも、暇な時間が見つかれば書物を開き、民を治めるに有益な指針はないかと模索を続けることを怠らなかった。この年、そのような学習に一つの結論を得たようである。それは、これまで重視してきた中国伝来の政治思想よりも、仏教に基づく思想のほうが民を治める点で優れているという理解であった。

天皇はそのことを形にして表すために、一切経《いっさいきょう》、すなわちすべての仏教経典を書写させることを発願した。この頃、すでに内裏系統の写経司なる役所が設置されていたのか、あるいはこのときに設置されたのか明確でないが、『東大寺要録』によると、聖武天皇は治部卿の従四位上門部王《かとべ》に勅して、この写経事業を命じ、巻尾にみずからの願文を記させた。その願文の内容は『要録』にも見えるが、幸いごくわずかながらこのときの一切経が現存していて、このことを確かめることができる。『観世音菩薩受記経《じゅききょう》』はその一つで、巻尾に聖武天皇の願文と天平六年に写しはじめた旨の門部王の奥書がある。願文全体の文意を紹介するとすれば、次のようなことであろうか。

「これまで朕は忙しい政務の合間を縫って、多くの書籍を披覧してきた。〔それは為政者として〕みずからが健康な身体を保ち、それでもって民の生活を安定させ、民の生業《なりわい》を成り立たせる、〔そのような政治の指針は何かと模索するためであったが、〕それには経史よりも釈教がもっとも優れている。そこで仏法を頼みとし、かつ一乗に帰依するうえから、敬って一切経を書写し、巻軸となすことをすでに終えた。これを読む者は至誠の心をもって、上は国家のため、下は命あるものすべてに至るまでの永遠を願い、かつ大いなる幸福のもたらされることを祈るように。またこれを聞く者は、無量劫《むりょうこう》のあいだ地獄などの悪趣に堕ちることなく、この世の苦しみを遠く離れて、ともに彼岸に渡ることができるように。」

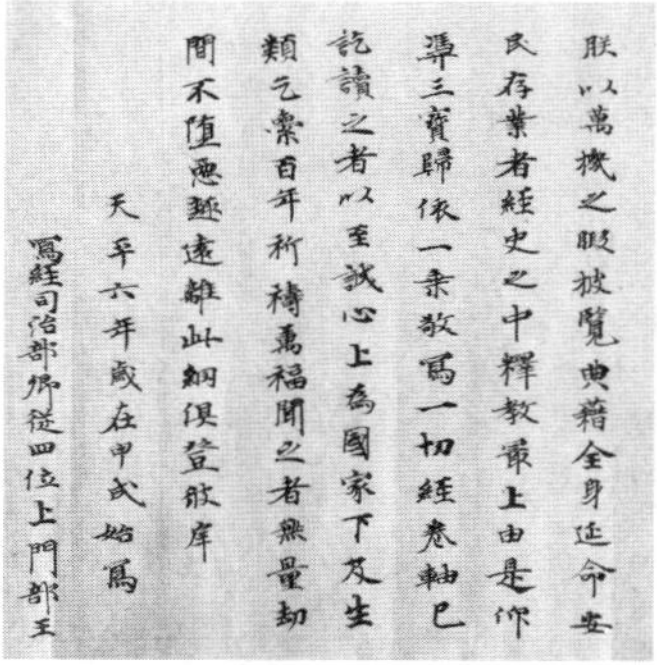
朕以萬機之暇披覽典籍全身延命安
民存業者經史之中釋教最上由是仰
憑三寶歸依一乘敬寫一切經巻軸已
訖讀之者以至誠心上爲國家下及生
類乞索百年祈禱萬福聞之者無量劫
間不墮悪趣遠離此網倶登彼岸
天平六年歳在甲戌始寫
寫經司治部卿從四位上門部王

勅願一切経願文（根津美術館蔵）

釈教、すなわち仏教には、相手の立場に寄り添って考えるという根本的な理念がある。聖武天皇はこのことに気付いたのであろうか。つまり人民の立場に配慮するという政治理念である。原文の「経史之中釈教最上」はこのことを示唆している。

かならずしもこれまでの律令政治の指針を捨てるということではないが、天平六年に至って、仏教を最上のものとして選択し、政治の基軸を仏教に移すと決断したのである。ときに三十四歳であった。これがその後に苛烈を極めた天災と疫病、そして何よりもそうした天変地異は為政者の政治が悪いからだとする災異思想の呪縛との戦いで、天皇の心の支えとなるのである。

二　政治の真価とは何か

責めは予一人にあり

天変地異が続き、飢餓状態に陥ると、人々の心はすさぶ。犯罪が激増し、各地の牢屋は罪人であふれた。聖武天皇はこうした事態を受けて、天平六年七月十二日、みずからの心情を吐露した詔を出した。おおよそ次のようなものであった。

「朕が民を治めるようになってから十年を経たが、自分に徳がないのか、罪を犯す者が多い。自分としては、夜通し寝ることも忘れて心遣いをしているが、近年、天候が不順だったり地震がしばしば起こったりするのは、まことに朕の政治が行き届いていないためで、多くの民を罪人にしてしまった。その責任はすべて自分一人にあり、諸々の庶民の与《あずか》るところではない。」

旱魃による不作の連続で飢饉が起こり、民が罪を犯してしまうような事態に至った、その全責任は自分一人にあるとして、聖武天皇は罪人に大赦を与えたのである。かつて天平三年においても、天皇は平城京の牢獄に囚われている罪人に対して、憐れみの情を懐いたことがあった。だがこのたびは規模においてその比ではなかった。この恩赦の詔は直ちに全国に伝えられ、対象となった罪人が多く釈放されたはずである。人々はなんと責任感の強い天皇であろうと感動したに違いない。

班田収授法の行き詰まり

すでに触れたように、律令制下の古代天皇には国家繁栄の要諦を富民に置くとする国家観があり、そのための基本法が班田収授法であった。むろん当時の日本の経済の基本は農業、それも水稲栽培にあった。農民にはそのための土地が必要であるが、土地は国家のものであり、国家は土地を分け与えねばならない。班田とは文字通りには田を各人に班《わか》つことである。分かたれた田のことを口分田《くぶんでん》という。大宝律令の田令《でんりょう》は「満六歳以上の男には二段《たん》（約二四アール）、女にはその三分の二の一段一二〇歩《ぶ》、奴婢《ぬひ》はそれぞれ良民男女の三分の一で奴は二四〇歩、婢は一六〇歩が割り当てられる」と規定している。奴婢への班給は日本独自のものである。

　ところが班田収授法が施行されて数十年も経つと、人口増によってか、公民に班給すべき口分田が不足してきた。政府は百万町歩開墾計画を立てたが実効性は疑問であった。次いで養老七年（七二三）四月、開墾推進のための三世一身法《さんぜいっしんほう》を施行した。最長で孫の代まで開墾地の私権を認めるものである。これはある程度有効で、それまで弾圧の対象であった行基《ぎょうき》が信者とともに率先して開墾に従事した。のち聖武天皇は行基集団に対するそれまでの評価を見直している。

しかし、三世一身法という法律には限界があった。せっかくの開墾地がやがて国家に収納されることが定められていたからである。そのうえ、班給業務の不合理性や不公平性も六年ごとにめぐってくる班年を重ねるごとに顕わになってきた。聖武天皇はこうした状況下で即位した。もっとも重要かつ喫緊の政治課題は、この土地問題をいかに解決するかにあった。この難題をいっそう複雑にしたのが、次々と日本を襲った天変地異と疫病の大流行である。

困窮者への米穀等の支給

翌天平七年(七三五)になると、天然痘が夏から冬にかけて流行し、全国で死者が続出、それも若者に多かった。穀物も不作であった。天皇としてはできるだけ寛大な政治をしたいということで、具体的な指示を恩勅の形で示した。その一例として天平七年閏十一月十七日の詔を挙げることができる。その内容は天平四年七月の詔同様、困窮者の救済を目指すものであった。

「天変地異がたびたび起こり、疫病が流行しているので天下に恩赦を与える。……高年百歳以上には穀三石を、九十以上には穀二石を、八十以上には穀一石を下賜する。……鰥寡《かんか》惸独《けいどく》と篤疾《とくしつ》の徒《ともがら》で自活することができない者に対しては当該地の役所が調べて支給するように。」

「高年」とは八十歳以上の高齢者。穀は籾《もみ》の付いたお米。年齢が高いほど手厚くするのは、災害時にもっとも犠牲になるのは高齢者だからである。鰥とは六十一歳以上で妻のない男、寡は五十歳以上の未亡人、惸は十六歳以下で父親のない子、独は六十一歳以上で子のない老人。篤疾とは、当時心身障害者はその障害の度合いによって残疾・廃疾・篤疾の三段階に分けられており、篤疾はそのもっとも重い障害を持った人のこと。これらはいわゆる社会的弱者に属し、自活できる人は対象外となるが、実際に困っている人たちを助けられるかどうかが政治の真価として問われることになる。困窮者への米穀等の支給のことを賑恤《しんじゅつ》とか賑給《しんごう》とかいう。

逃亡者・浮浪人の現住地登録

重ねて不運は続いた。農民の多くが天然痘のため農事に従事できなかったことから、翌天平八年(七三六)も凶作となり、諸国各地で逃亡者や浮浪人があふれた。飢饉や疫病のため家族を失い、本籍地での生活が成り立たなくなったためであろう。行基集団に身を投じる者も多かったに違いない。

律令では、離村者は本籍地に連れ戻すのが原則であったが、なかには連れ戻そうにも、戸籍から削除されている浮浪人もいた。聖武天皇は浮浪人について、この八年二月、公民籍に編附することを停止し、別途現住地での名簿に登録してよいと改めた。公民とは別個に、浮浪人を一つの身分として公認したのである。現実に即応した行政措置であったといえるが、問題は彼らにどんな生業を用意するかであった。本貫(本籍地)に編附されていれば口分田を分け与えられるが、出先の名簿ではその権利はない。

頻繁な米穀支給と減税措置

それでも天皇の苦悩は天地に通じなかった。天平九年(七三七)、新羅へ派遣した使節の帰国に合わせるかのように、大宰管区を皮切りに、ふたたび天然痘が全国に大流行しはじめた。四月に参議の藤原房前《ふささき》が没した。天皇は五月十九日、詔を出した。

「四月以降、疫病の流行と旱魃が同時に進行し、田苗は萎びてしまった。……そこで寛大な政治を執行し、民の苦患を救いたいと思う。諸国の国司や郡司はもし冤罪で獄に繋がれている者があれば審理を尽くして記録を中央に報告し、行き倒れて放置された白骨や遺骸があれば埋葬するように。また飲酒を禁じ、牛馬をさばいて食することを禁ぜよ。高年の徒や鰥寡《かんか》惸独《けいどく》、平城京内の僧尼・男女で疾《やまい》に臥せている者など、自活することができない者には調べて支給するように。」

五月十九日付の恩勅で実際に米穀等支給業務が行われたことは正倉院文書によっても確かめることができるが、実は天平九年の和泉監《いずみのげん》正税帳によれば、恩勅は五月十九日のほか、『続日本紀』には記載のない九月二十八日にも出されていた。

七月に入ると参議藤原麻呂が、次いで政権を担ってきた右大臣藤原武智麻呂《むちまろ》が亡くなった。八月には中宮大夫《ちゅうぐうだいぶ》兼右兵衛率《うひょうえのかみ》で橘 諸兄《たちばなのもろえ》の弟の橘佐為《さい》が、続いて参議藤原宇合《うまかい》が亡くなった。光明皇后はこれで四人の兄たちをすべて失った。八月十三日、聖武天皇は詔し、「春以来、天然痘が大流行し、天下の百姓や官僚が大勢亡くなった。まことに朕の不徳の致すところである。百姓の生業が成り立つように、天下の今年の田租と公私の出挙《すいこ》稲《とう》の滞納額を免除する」と指示した。

地方行政官に対するアメとムチ

餓死者や病死者が出れば田は荒れ、そうなれば田租も減少するし、農民に貸し付けた稲も戻ってこない。中央政府は天平六年正月十五日に通達を出していた。国家が所有している官稲《かんとう》を国司に無利息で貸し出し、国司はその稲を農民に出挙《すいこ》、すなわち利息付きで貸し付けてもよいとしたのである。そのような官稲は、各国の郡ごとに設けられている正倉に備蓄されていた。農民から取る利息が国司の収入となることを認めたうえでの措置であった。

国から無利息で借りたものを農民に利息付きで又貸しするのであるから、国司としては貸付に精を出せば出すほど、懐が豊かになるはずである。律令で定められた稲の出挙は契約期間を一年とし、その利息は私的な場合、すなわち、いまの言葉でいえば民間では十割だが、国家が貸し付ける形の公出挙《くすいこ》は五割とされていた。大変な高利だと誤解されやすいが、お金ではなく、一粒が何倍かに実って収穫が得られる稲を貸し付けるわけだから、むしろ国家貸付の場合は格段の低利だということになる。

つまり、このような官稲の運用を国司にまかせ、運用益としての利息を国司の取り分とするというシステムである。それは国司が俸給として与えられている職田の収穫物をはるかに上回ったことであろう。もっとも、それはその年の風雨が順調で、豊作となり、農民からの回収ができればの話で、また旱魃となり不作が続けば、国司の貸付は焦げ付くことになる。そうなれば国司は自腹を切って国家に負債を返済しなければならない。そこで政府としては安全策を採って官稲の貸付に限度額を設け、それも六十数か国一律ではなく、国の等級によって差を付けた。それ以上に貸し付ければ違法として罪を問うことにした。

このような政策は天災による痛手を癒すために、農民を督励するよう地方行政官たる国司に奮起を促すためであったが、それが果たして農民にとって利益となるのか、はなはだ疑問なところがあった。聖武天皇は天平九年九月二十二日、詔を出し、国司に厳命した。

「聞くところによると、愚かな農民たちが、諸国に備蓄されている高官の家の稲を利息のことも考えずに借り、それを苗代《なわしろ》に蒔かずに食べてしまい、農作業を怠ったあげく、借り入れた元本の稲も利息の稲も返すことができず、家族がバラバラとなって夜逃げすることが行われているという。これは民を済《すく》うことを本務としなければならない国司の失政によるものであり、以後は私出挙《しすいこ》を禁止する。百姓が働ける政策を講じ、地の利を生かせば民を豊かにすることができよう。この勅命に違反すれば現職を解任する。」

政府が農民への官稲の貸付を奨励したことを隠れ蓑に、地方行政官が私的に蓄えている稲籾を貸し付け、暴利をむさぼっているという実態が天皇の知るところとなったのであろう。この勅令が果たして国司によって何年間遵守されたかはわからない。

いずれにしても天平九年は、近年これほどの例は知られていないというほど悲劇的な事態であった。しかし嘆いてばかりもいられない。聖武天皇は窮民救済の具体策を次々に推し進める一方、人智では如何ともしがたい天変地異や疫病退散に対し、神仏の霊力を頼みとするほかないと、さまざまな方策をめぐらした。結局、十月二十六日、大極殿において、律師道慈《どうじ》を講師《こうじ》に、堅蔵《けんぞう》を読師《どくし》に請じて、『金光明最勝王経』の講説を元日朝賀の儀に準じて盛大に催した。講説が大極殿で行われたということは、この経典が国家の基本方針の源泉となることを意味していた。このあと、天然痘の猛威は急速に沈静に向かい、天平四年以来、六年に及ぶ災異の禍根はここに断ち切られたのである。

三　仏教思想による民心の救い

人心一新の課題

大極殿での『最勝王経』の講説のあとの年末近く、聖武天皇は大倭国を大養徳国と改称した。そこには、みずからの徳を養うこともさりながら、災異に打ちひしがれ、あるいは生きる気力を失った天下の民をいかにして救えばよいかという天皇の苦悩が滲み出ている。天然痘の猛威に立ち向かってさまざまな窮民政策を断行してきたが、より気がかりだったのは人心であった。

その救済手段としてまず打ち出したのは、天平九年三月の国ごとの釈迦三尊の造像と『大般若経』の書写の指示であった。爾来、天皇は物心両面を視野に入れた国家的事業を模索してきた。そして出した結論が二つの大きなプロジェクトであった。その一つは、全国に釈迦を本尊とする国分寺を建立して、民に仏教思想を啓蒙することであり、第二は、新たな都を造り、その都の国分寺に、動植物も含めたすべての生きとし生けるものの繁栄を願う盧舎那大仏を造立することであった。

天皇は胸中の構想を具現化するために遷都を決断した。莫大な費用を覚悟しなければならないが、人々は動かすことができる。国力の疲弊した直後での遷都が無理な計画であり、失政だったことは、天皇がのちに自覚するところである。

国分二寺建立の詔

恭仁宮《くにのみや》に遷都を果たした天平十三年（七四一）二月十四日、聖武天皇は国分寺・国分尼寺建立の詔を出した。冒頭は前文に当たり、次のようになっている。

「朕は徳の薄い身でありながら、恐れ多くも天皇という重い地位に即くことになった。ところが、自分の考えている政道が広まらず、寝ても覚めても恥じ入るばかりである。昔の賢明な天皇たちは、みな素晴らしい業績を残された。天下は泰平に、人民は喜びにあふれ、災害は除かれ幸福な生活を送ることができた。どのような政治を行ってそうした太平の世に導くことができたのであろうか。」

きわめて謙虚な姿勢を示しているが、具体的な政策の内容そのものは、すでに天平九年に打ち出していたさまざまな施策をより総括的にまとめたものである。全体は本文・条例・願文からなるが、その骨子は以下のようなことであった。

①天平七～九年の旱魃・飢饉・疫病により極度に疲弊した天下万民の精神的支柱になることを目指して、国ごとに国分寺・国分尼寺を建立する。

②立地は人々が集まりやすい勝地を択ぶ。

③国分寺は寺号を「金光明四天王護国之寺」とし、二十人の僧侶を置く。国分尼寺は寺号を「法華滅罪之寺」とし、十人の尼僧を置く。

④毎月の六斎日《ろくさいにち》は海も山も禁猟とする。

第二の立地条件は重要で、国分二寺の建立はまず地域住民の参集を目的としていることがわかる。第三は全国すべての国分寺・国分尼寺はいずれも同じ寺号を名乗り、それぞれ定数の僧尼を常住させる。したがって僧寺の場合、全国でおよそ一二〇〇人以上の僧侶が必要となってくる。つまりこれらの僧侶をどこで教育するかの教育機関の設置問題が浮かび上がってくる。

仏教の啓蒙

第四の六斎日とは八・十四・十五・二十三・二十九・三十の六か日のことで、インドからの伝統によっている。これらの期日には命の尊さを偲ぶばかりでなく、在家者も肉食《にくじき》をせず、精進して心身を清浄に保つのである。日本ではこのインドの生活習慣をすでに律令に採り入れていた。『養老律令』の「雑令《ぞうりょう》」第五項は六斎日を規定し、この日の殺生を禁じている。実は国分寺の詔では、この規定を公民に仏教を啓蒙する手段として転用しているのである。毎月これら六か日を禁猟日とすれば、海の漁師も山の猟師も仕事にならず、休日となる。したがって休日となった六斎日には国分寺に参集して僧侶の説法を聴くという算段である。

とくに毎月八日は『金光明最勝王経』の転読が行われるので、在家信者もこれに参列し、そのあと僧侶たちによる説法を耳にしたであろう。身を捨てて飢えた虎に食べさせたという薩埵《さった》太子の話や放生会《ほうじょうえ》の起源となる流水《るすい》長者の話は、この経典のなかで語られているもので、日本人ものちによく知るところとなるが、これらは国分寺を通じて流布するようになったと考えられる。

しかも文面からはわかりづらいが、連日となる十四日の夜は、一般の在家者が「一日一夜の八斎戒《はっさいかい》」を受戒して、一昼夜だけでも八斎戒を守るよう勧められた。八斎戒とは、在家者が守るべき五戒（殺さない・盗まない・嘘をつかない・性交しない・酒を飲まない）に、生活の節制を意味して、着飾らない・歌舞をしない・大きなベッドに寝ない、の三戒と、昼食後は何も食べない、を加えた九つの戒律のことで、これを一昼夜のあいだだけでも守ると誓い、一般の人々も日常の行為を反省し、僧侶と同様の清浄なる生活を行うように、という教えである。

これは仏教による人間観に基づいている。われわれ人間というのは、欲望の存在である。戒律を受けるとは、人間が欲望に駆られて暴走しないように、心のブレーキを身に付けるという勧めなのである。八斎戒は八関斎戒とも八斎関戒《はっさいかんかい》とも呼ばれ、すでに中国では盛んに行われていたようで、それが日本でも導入されたことになる。

このような「一日一夜の八斎戒」の慣習が奈良時代に行われていたことが、薬師寺の僧景戒《きょうかい》が奈良時代から平安初期の逸話を集めた『日本霊異記《りょういき》』という仏教説話集に、聖武天皇の世のこととして一昼夜の間に八斎戒を受ける逸話があって確かめられる。

国分寺建立は単に国家鎮護のためばかりでなく、一般の人々に対して、仏教思想を啓蒙する役割があった。つまり天皇は国分寺を人間教育の場にしようとしたのであった。

墾田永年私財法の発布

聖武天皇のプロジェクトの第二の、新都を建設して、そこに盧舎那大仏を造立するという構想については、それ以前に、あらかじめ処理しておかねばならない大きな問題があった。前年の天平十四年、班田収受のため、班田の状況を把握する班田司、いわば農耕地実態調査団を全国に派遣し、現地での班田の状況を図面化した「班田図」を作成させようとした結果、口分田と墾田とが混在するなかで墾田が荒廃しているという事実が判明した。即位以来、国家にとって喫緊の課題であった土地問題を改めて根本的に解決しなければならないと認識された。

公民に班給すべき口分田の不足を補う意味で、政府は三世一身法を実施し、それ以来、原野の開墾は進んだかに見えたが、この法令では苦労して開墾した墾田であっても、やがて国家に収公される、つまり国有財産になってしまう。そうなれば働く意欲も萎えてくるのが人間の本性である。政府としては、いったん開墾された墾田が荒廃するという事態への対応を迫られていたのである。そこで聖武天皇は、天平十五年(七四三)五月二十七日、墾田永年私財法を発布した。

「聞くところによれば、『墾田は養老七年の三世一身法により、期限が来れば国家に収めることになっているので、農夫は意欲を失い、開墾した土地が荒廃している』という。そこで、今後はこの法によらず悉《ことごと》く私財として、永年に収公しないように。」

天皇はこのように原則を述べたあと、無制限に開墾を認めるのではなく、身分による上限額を設けるとして、上は親王の五〇〇町から下は庶人の十町まで、七段階の制限枠を設定、郡司等については別途に例外を設け、もし制限枠を超えて開墾した場合は国家に返納するように、また、虚偽あるいは隠蔽するなどの行為があれば罰を科す云々、と勅した。

墾田永年私財法は、三世一身法に係わりなく、墾田を本人の希望通り私有財産と認め、所轄の役所はすべて永年にわたり収公しないとしている。天皇は墾田の私有権を認めたのである。大八洲《おおやしま》という国土は、天皇の治める公地だとする律令法の原則からすれば画期的な改革である。しかも、この墾田永年私財法には、開墾できる面積に身分による制限が設けられてはいるが、実際の耕作者は戸籍上の公民である必要はなく、公民籍からはずされた浮浪人であってもよい。天平八年、天皇は本籍地に還ろうとしない浮浪人を公民籍とは別途に登録するよう指示したことがあったが、登録された浮浪人に生業の当てがあるわけではなかった。墾田永年私財法はその一つの解決策を導くものだったといえる。

盧舎那大仏造立の詔

それから二か月後、聖武天皇は近江の紫香楽宮《しがらきのみや》に行幸し、天平十五年十月十五日、新都に擬えた紫香楽宮で盧舎那大仏造立の詔を出した。要点を列挙すれば次のようなことであった。

①自分は即位して以来、生あるものすべての救済を心がけ、慈しみの情をもって人民を治めてきた。しかしながら、憐れみの心は国中に及んでいるとは思うけれども、仏法の恩徳についてはは国土すべてにゆきわたっているとは言えない。

②そこで、仏法の威霊の力によって天地が安泰となり、末代までも残る立派な事業を成就させて、動物であれ植物であれ悉く栄えるようにと望む。

③ついては天平十五年十月十五日を期して、菩薩としての大いなる誓願を立てる。すなわち、金銅盧舎那大仏造像の大事業を行い、そのことを広く世界に呼びかけ、その趣旨に賛同する者をしてわが友(知識)となし、事業を通じて、最後にはみな同じく仏の利益を受け、迷いのない悟りの境地に到達できるようにさせたい。

④そもそも天下の富と勢いを所持しているのは朕である。その富勢をもって尊像を造ろうとすれば形はたやすくできるであろう。しかし、それでは造像の真意が成就されたとは言い難い。

⑤ただこうした事業を行うに当たって恐れるのは、いたずらに人民に労苦を課しただけで、その聖なる心をわからせることができず、誹謗中傷の心を起こさせて、かえって罪に堕ちる者が出てくることである。

⑥したがって、わが友(知識)として大仏造像事業に参加する者は、真に至誠の心をもって大いなる幸せを招き入れ、日に三回、心中の盧舎那仏を拝むとよい。この趣旨をみずからすすんで納得し、各自その心意気で盧舎那仏の造像に当たるように。

⑦もし一枝の草、一把の土という、たとえわずかな力であっても、すすんで造像事業に参加しようとする者があれば許すように。

①の「憐れみの心」とは、為政者としての儒教的な仁徳のことで、窮民を助けるための徳治政策を指している。しかし天皇としては、仏教的な民心の救済についてはいまだ果たされていないという自覚があった。そこで、仏法の力を頼みとし、末代までも残る立派な事業を完成させることによって、天下泰平と生きとし生けるものすべての繁栄を願うとしている。

国分寺の本尊が釈迦仏であるのに対し、首都の国分寺のそれを盧舎那仏とするのは、むろん聖武天皇の考えによるのであろう。盧舎那仏とは『華厳経』に説く仏であり、『華厳経』は人々の苦しみを救おうとする菩薩のために説かれた経典である。聖武天皇が発願の詔のなかで、菩薩としての誓願を立てるとしているのは、華厳経にいう菩薩にみずからを擬えているからである。菩薩の使命は苦悩する衆生の救いである。天皇にとって、それは民一人ひとりの救済を意味した。詔のなかで、一枝の草、一把の土といった、たとえわずかな力であっても志があれば許すとしたのも、こうした趣旨に基づいている。

天皇がすべての民に参加を呼びかけた理由もここにあるが、実はそれだけではなく、造立事業にはいわば物心両面のもう一つの側面の解決策も加味されていた。つまり大仏造立にはとてつもない人手がいるが、その意味で造立は墾田永年私財法に続く浮浪人対策でもあったと見なされる。五十一万数千人という大仏造立に参加した役夫の人数がそれを物語っている。

天皇は直ちに造立のための寺地を開き、これには行基も協力を惜しまなかった。ところが天平十七年(七四五)四月二十七日、まだ大仏がもろい造作物の段階で大規模地震が発生した。人々の動揺は激しく、天皇は勧められるまま紫香楽宮も恭仁京も放棄し、平城京に還都した。

それでも天皇は大仏の造立だけは諦めなかった。大養徳国金光明寺での再開を決意し、還都からわずか三か月後には造立事始めの儀を行った。天平十九年(七四七)三月、国名がもとに戻って改称した大倭国金光明寺は、やがて東大寺の名称を得て、巨大寺院へと発展するのである。

なお、東大寺とは「東の大寺」の異称もあるように、平城京の東山麓に位置する大きな寺ということでの名付けであろうが、ここには官立寺院、つまり天皇が建てた寺という意味が込められている。

第三章　宗教共同体として

一　天皇の出家と譲位

黄金産出

天平十九年(七四七)九月二十九日の大仏鋳造開始に前後して、地方の有力者や高官らから多額の寄進が集まりはじめた。翌天平二十年、恒例の叙位には造立関係者や寄進者も加えられた。造立事業は名実ともに軌道に乗った。そうした矢先の四月二十一日、元正太上天皇が亡くなった。六十九歳であった。冥福を願う聖武天皇の思いは強く、七日ごとの誦経を諸寺に指示し、諸国にあっては国司みずから潔斎し、国内諸寺の僧尼を一寺に集めて敬礼・読経するようにと命じた。

明けて天平二十一年(七四九)二月二日、大僧正行基《ぎょうき》が大仏の完成を見ることなく遷化《せんげ》した。享年八十二歳(一説に八十歳)であった。この心痛のさなか、聖武天皇の暗澹とした気分を一変させる知らせがはるか陸奥国から届いた。陸奥守百済王敬福《くだらのこにきしきょうふく》が駅馬を馳せて、管内の小田郡で黄金を発見したと知らせてきたのである。産出量も期待できそうで、使者はその見本も携えていた。

盧舎那大仏の造立工事は天平十九年九月以来、数度の鋳継ぎを経て、巨大な仏身が今にも頭部から姿を現そうとしていた。ただ聖武天皇にとって頭の痛い問題があった。盧舎那仏とは宇宙に光り輝くほとけのことである。盧舎那大仏は燦然と光り輝かねばならない。ところが当時日本では、鍍金に要する黄金を産出しないとされていた。何としてでも国内から金を見つけねばならない。聖武天皇は神仏の加護を願い、金鍾寺の僧良弁《ろうべん》に命じて黄金産出を祈らせた。

そうした折の陸奥からの黄金産出の知らせである。聖武天皇の心中は驚きと喜びに満ち溢れた。天地に見放されたかのような苦難を強いられてきたこれまでの治世を考えると、天皇の歓喜のさまは想像に余りあるものがあろう。

黄金山神社（宮城県涌谷町）

三宝の奴

四月一日、聖武天皇は平城宮を出て東大寺に向かった。後ろには、光明皇后、皇太子阿倍内親王、それに左大臣橘諸兄以下、文武百官が続く。黄金産出の知らせを受けてから一か月余り、準備を重ね、満を持しての行幸であった。『東大寺要録』所収「大仏殿碑文」によれば、大仏の鋳造はこの年の十月二十四日に完了したとあるから、四月一日の時点では大仏は未完である。『続日本紀』は伝えている。東大寺に到着した聖武天皇は、未完の盧舎那大仏のまえに設けられた「前殿」という仮設の礼拝殿に入り、北面して大仏と相対した。両側には光明皇后と皇太子阿倍内親王が侍《はべ》り、さらに礼拝殿の後方には群臣や高位の官人・下級官人・庶民に至るまで、それぞれ整列して居並ぶ。すると、左大臣橘諸兄が仏前に進み出て、聖武天皇の詔を代読した。それは「三《さん》宝《ぼう》の奴《やっこ》と仕《つか》へ奉《まつ》る天皇《すめら》が」で始まる画期的なものであった。そこには聖武天皇の真情が吐露されていた。次いで従三位中務卿石上乙麻呂《いそのかみのおとまろ》が実に延々と続く第二の宣命を代読した。天皇の詔のなかでも随一といわれるほど長文の宣命であった。趣旨は以下のようなことである。

「産金という瑞祥《ずいしょう》を想うに、それは種々の教法のうちでも国家を守るには仏教がもっとも勝れていると考え、全国に『金光明最勝王経』に基づく国分寺を建立し、かつ動植物がみな咸《ことごと》く栄えることを願って盧舎那仏の造立を発願した。その目的は人々を誘って、災禍が収まり世の中が平和になるよう願ってのことであったが、人々は大仏造立の困難さから事業が達成できないのではないかと疑い、朕みずからも黄金の不足に不安を覚えていた。ところが、はからずも三宝、つまり盧舎那仏のあらたかな霊験《れいげん》を蒙り、黄金が発見された。ついては道理として、この大きな瑞祥をわが身一人が受けるのではなく、国中の人々と共に分かち合いたい。」

聖武天皇は石上乙麻呂に黄金産出に伴う詔の趣旨を述べさせたあと、後段の宣命では、産金の悦びを分かち合うべき対象を次々と挙げさせた。それは実に広範囲に及ぶものであった。その第一は伊勢大神宮ほか神社、寺院、陵戸《りょうこ》・功臣の墓所それぞれへの恩典であったが、そのなかに注目すべき事項が含まれていた。「寺々に墾田の地許す」とする言葉である。

東大寺では直ちに、僧平栄《へいえい》を寺家野占寺使法師《じけやせんじしほっし》(『万葉集』では占墾地使僧《せんこんちしそう》)として越前国・越中国に派遣した。それによって平栄は、五月に越前国足羽郡の野地を占し、越中国では国守大伴家持《おおとものやかもち》の饗を受けた(『万葉集』巻十八)。家持は平栄らに酒を送る歌を詠んでいる。

焼太刀《やきたち》を　礪波《となみ》の関に　明日よりは　守部遣《もりべや》り添《そ》へ　君を留《とど》めむ（四〇八五番）

詠じたのは五月五日とされているから、詔が出てから一か月で越中国守と面談に至っている。当時としては驚異的な行動力である。平栄とはどんな人物だったのであろうか。正倉院文書では、天平十五年(七四三)五月が初見で、写経所が金光明寺僧らから『四分律』一部六巻を借り、七月四日に四巻を返済したが、それを平栄が受け取った。また私的に所有する経巻類を写経所に貸すなど、すでに金光明寺、つまりのちの東大寺内で確固たる立場を築き、天平十九年には東大寺の知事僧の地位にあった。墾田そのものについては後で述べる。

産金慶賀の具体化

黄金産出の悦びを国中の人々と共有したいという天皇の思いは、それぞれの立場に応じた恩典となって具体化していった。翌四月二日に罪人に対する大赦を出し、五日に伊勢大神宮神職の叙位があり、十四日になると、天皇はふたたび東大寺に行幸し、盧舎那仏の前殿で左大臣橘諸兄ほか政府重鎮と諸王への叙位を行った。また年号は天平感宝と改められた。

翌十五日には大臣以下諸司の仕丁以上に禄を賜い、平城京や畿内の僧尼にも布施があった。二十二日には陸奥から到着した国守百済王敬福が黄金九〇〇両を貢納した。五月に入っても叙位の儀式は続く。閏五月になっても一連の行事は続き、九日には宮中で一〇〇〇人が得度を受けた。

盧舎那仏のまえで「三宝の奴」と称してから二か月と十日余り、この間の一連の行事は、聖武天皇にとって産金がいかに重大な出来事だったかを物語る。しかし、聖武天皇の意思は、産金の悦びを共々に分かち合うという段階で収まるものではなかった。実はこれを好機として、次なる賭けに出るのである。

十二大寺への勅書

当時の大方の日本人も黄金産出を神仏による奇瑞と理解していたことは、鑑真に付き従って来日した唐僧思託《したく》がその著『延暦僧録』で書き残した伝説からもうかがえる。つねづね娘の皇太子阿倍内親王の将来を気遣っていた聖武天皇は、果たせるかな、産金の瑞祥を奇貨として、重大な詔を下す。それは悦びを分かち合う一環としての寺院への施与《せよ》の形で打ち出された。閏五月二十日、聖武天皇は大安・薬師・元興・興福・東大の五大寺のほか、計十二の寺院への施《せ》入《にゅう》を行い、それに願文《がんもん》を添えた。五大寺への施入の内容は、絁《あしぎぬ》五〇〇疋《ひき》・綿一〇〇〇屯《とん》・布一〇〇〇端・稲十万束・墾田地一〇〇町で、法隆寺ほかの七寺については内容に若干の違いがあった。願文の主文は次のようになっていた。

「花厳経《けごんきょう》を本《もと》として、一切の大乗・小乗の経・律・論、抄・疏・章等、必ず転読・講説し、悉く尽《つく》し竟《を》へしめよ。遠く日月を限りて未来際《みらいさい》を窮《きわ》めむ。今故《ゆえ》に茲《こ》の資物を以て敬ひて諸寺に捨《ほどこ》す。冀《こいねが》はくは、太上天皇沙弥勝満《しゃみしょうまん》、諸仏擁護して法薬薫質《ほうやくくんしつ》し、万病消除して寿命延長し、一切の所願皆《みな》満足せしめ、法をして久しく住せしめ、群生を抜済して、天下太平に、兆民快楽《ちょうみんけらく》にして、法界の有情《うじょう》と共に仏道を成せむことを。」

『続日本紀』記載の願文は文中「諸寺」とあるように、詔の形式を伝えているが、各寺へは別途に聖武天皇の勅書が交付された。幸いそれらのうち一件のみ現存している。ただ巻首にあった寺名が欠失しているため、どの寺に宛てたものか不明だが、大安寺宛と推定されている。

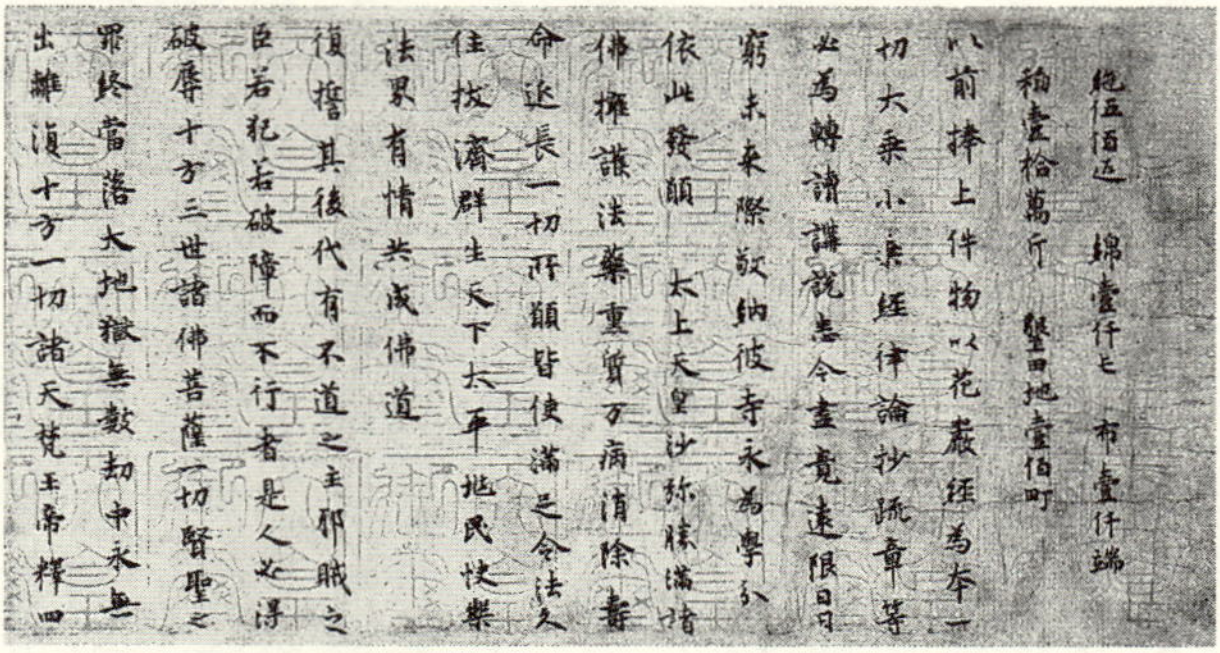
絁伍佰疋　綿壹仟屯　布壹仟端
稲壹拾萬束　墾田地壹伯町
以前捧上件物以花厳経為本一
切大乗小乗経律論抄疏章等
必為轉讀講説悉令盡竟遠限日月
窮未来際敬納彼寺永為學分
依此發願　太上天皇沙弥勝満諸
佛擁護法藥熏質万病消除壽
命延長一切所願皆使満足令法久
住抜濟群生天下太平兆民快樂
法界有情共成佛道
復誓其後代有不道之主邪賊之
臣若犯若破障而不行者是人必得
破摩十方三世諸佛菩薩一切賢聖之
罪終當落大地獄無數劫中永無
出離復十方一切諸天梵王帝釈四

聖武天皇勅書（平田寺蔵）

「勅」の一字は聖武天皇の直筆、字面には三十顆《か》の「天皇御璽」印が捺され、巻末に連署しているのは、左大臣橘諸兄、右大臣藤原豊成《とよなり》、大僧都行信《ぎょうしん》で、名前の部分が自筆である。

なお、この勅書が歴史的価値を有するのは、単に十二大寺への施与の証拠となるに止まらない。実は「勅」と大書する文書の形式は、唐王朝の論事勅書に則っているからである。聖武天皇の時代、唐代の諸制度をきわめて厳格に踏襲していたことがこの点でも確かめられる。

さて、さまざまな経典があるなかで、『華厳経』がすべての経典や論書の頂点に立つ根本経典であると述べていることが注目されるが、問題は聖武天皇がこの願文で、みずからを「太上天皇沙弥勝満《しゃみしょうまん》」と称していることである。この名乗りには出家と譲位という二つの問題が含まれている。むろん太上天皇とは譲位後の称号である。通常は譲位があれば直ちに新天皇が即位する。ところが孝

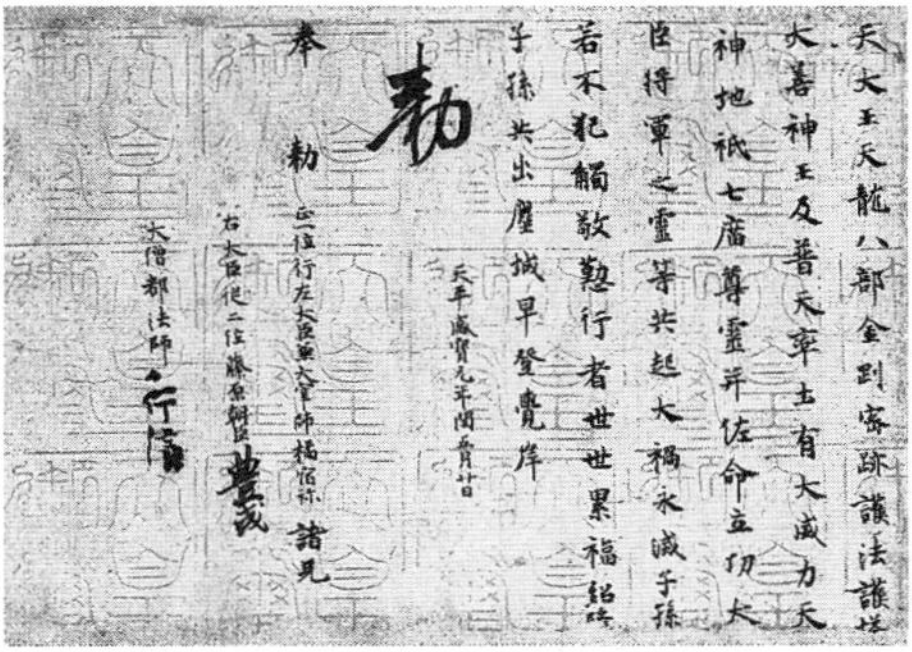
天大王天龍八部金剛密跡護法護塔
大善神王及普天率土有大威力天
神地祇七廟尊霊并佐命立功大
臣将軍之霊等共起大福永滅子孫
若不犯觸敬懃行者世世累福終始
子孫共出塵域早登覺岸
天平感寶元年閏五月廿日
勅
奉勅　正一位行左大臣兼大宰帥橘宿禰諸兄
右大臣従二位藤原朝臣豊成
大僧都法師行信

謙天皇の即位宣命は一か月と十二日後の七月二日のことであるから、文字通り日付にこだわれば空位期間が生ずることになる。『続日本紀』によれば、聖武天皇は三日後の閏五月二十三日に、「薬師寺宮に遷御《せんぎょ》して御在所とされた」とあるから、この時点で、形のうえでは譲位したということになる。天皇周辺には、いかにもあわただしい譲位と映ったに違いない。

出家の動機

聖武天皇の出家の時期や戒師については諸説あるが、時期が閏五月二十日以前というだけで、あとは不明といわねばならない。それよりもむしろこの施入願文《せにゅうがんもん》で重要なのは、聖武天皇が出家した動機の再確認である。四月一日、盧舎那大仏の宝前でみずからを「三宝の奴」と称しただけでも、当時の支配者層には異常と映ったに違いないが、さらには現《あきつ》神《かみ》たる天皇が出家するというのである。それを押しての出家ということであれば、天皇にはよほどの確信がなければならない。

むろん『華厳経』の教主盧舎那仏に帰依し、盧舎那大仏造立を発願した結果としての黄金産出に感謝の思いは強かろう。この施入願文中の「仏法を永遠に広めて衆生を救済し、天下太平、兆民快楽にし、法界の有情(つまり全世界の人々)とともに仏道を成就したいものだ」との言葉が示すように、今後は仏道を究めたいというのが、天皇の偽りない心境であろう。

だが出家の身で天皇の地位に留まることが果たして可能だろうか。国王の出家について何か拠り所がないか、天皇としては仏典が語るものを求めたに違いない。ここで考えられるのは根本経典とされた『華厳経』の教説で、最終章の「入法界品《にゅうほっかいぼん》」に如来出現の話を聞いたある父王が、如来のもとで深遠な説法を聴いて菩提心を起こし、王位を太子に譲り、さらに在家のままでは法の真理を会得することは困難だとして出家するという逸話がある。

おそらく聖武天皇は、このような経文に照らしてみずからの行動の規範となし、出家即譲位の考え方を取ったのであろう。もっとも、出家といっても聖武天皇は沙弥《しゃみ》である。沙弥は在家も受ける八斎戒に一戒を加えた十戒が授けられるに過ぎない。少年の場合は見習僧であり、大人の妻帯在家者の沙弥は具足戒《ぐそくかい》を受ける正式の僧とは異なる。現実問題としては太上天皇としての権力を保持しながら、表向きの儀式等の「まつりごと」を離れるだけで、政治から完全に身を引くわけではなかった。

準備期間ののち、七月二日に聖武天皇は大極殿において正式に譲位の宣命を宣し、それを受けて阿倍内親王が孝謙天皇として即位、年号も天平勝宝と改元された。

二　寺院と墾田地

諸寺墾田地上限額の制定

孝謙天皇の即位直後の七月十三日、東大寺にとっても重要な決定がなされた。諸寺墾田地上限額の制定である。『続日本紀』の記事を面積の多い順に並べ替えると、大倭国国分金光明寺（東大寺）が四〇〇〇町、元興寺が二〇〇〇町、大安寺・薬師寺・興福寺・大倭国法華寺と六十余寺からなる諸国国分金光明寺が一〇〇〇町、弘福寺《ぐふくじ》・法隆寺が五〇〇町、諸国法華寺（国分尼寺）が四〇〇町であった。

寺院に墾田地の所有を許すとした聖武天皇の言葉を受けて、東大寺が直ちに墾田の占定《せんてい》に入ったことは、寺院にとって墾田の所有が有益であると認識していたからである。これは何も東大寺に限ったことではない。寺院の動きに呼応しての上限額設定だったのであろう。裏を返せば、この時代、すでに寺院が活発な経済活動を行っていたことを予想させる。

墾田永年私財法は墾田を奨励するものであったが、過度の開墾を防ぐため、占有できる地積の上限を身分ごとに設けていた。つまり親王の一品《いっぽん》と諸王・諸臣の一位の五〇〇町を最高とし、貴族となる五位は一〇〇町、無位の庶民では十町であった。それと比較すると、諸寺に認められた上限額はいかにも桁違いに大きい。墾田永年私財法は墾田の私有を認めるという点で、人間の本性に根ざした政策ではあったが、開墾者は私的な個人を想定したに過ぎなかった。それでは疲弊した国力の再生になお不十分との判断があったのではないか。

原野の開墾を促進させ、広大な水田を確保するには、大規模な灌漑設備が必要で、それには資力と労働力が不可欠となる。そこで聖武天皇は、多くの人が集まり精神的な帰依所となる寺院を創設し、原野の開墾のような役割も寺院にもたせ、それによって仏法の興隆と民心の安定を図る、そうしたことを意図したのであろう。その根拠はかつての行基集団の活躍にある。今風にいえば、墾田を個人による経済活動の範囲に止めないで、大規模な展開が望める法人事業に開放するようなものである。

なぜ東大寺は四〇〇〇町なのか

それにしても大安寺や興福寺が一〇〇〇町とされたのに対して、東大寺には、はるかに広大な四〇〇〇町が認められた。しかも、つい閏五月の時点では、東大寺ほかの五大寺について区別はなかったが、ここには墾田地を基準としてではあるが、寺院の序列が明示されている。孝謙天皇が即位したとはいえ、この地積上限額の指示は聖武天皇によると考えられる。それにしても四倍という桁外れの広さが認められたのはなぜか。一〇〇〇町の二倍でも三倍でもなく、四倍の四〇〇〇町としたのは、それなりの積算根拠があったはずである。

理由は二つほどあろう。おそらくその一つは、聖武天皇が国分寺建立の詔を出したとき、各国分寺には二十人の僧を置くとしたことと関係があろう。つまり全国には六十余りの国分寺ができるから、全体で約一二〇〇人以上の僧侶が必要となる。当然のことながら彼らには教育を施さねばならない。国分寺は都であれ諸国であれ正式名はすべて「金光明四天王護国之寺」であった。都の国分寺である東大寺がその僧侶を養成する機関とされるのは当然のことである。したがって、その費用を捻出するために取られた処置と受け取れる。

理由の第二は、いち早く墾田地の占定に赴いた平栄のように東大寺所属の有能な僧侶とともに、在家信者である優婆塞《うばそく》・優婆夷《うばい》を新たな占定地に赴かせて、大規模な開発を行わせることにあったと考える。なぜなら、そのことによって災異のために本貫(本籍)を離れて流亡することになった民に生業を得させることができるからである。

つまり、聖武天皇みずからは天皇の立場で盧舎那大仏を発願したように、優婆塞・優婆夷を菩薩に見立てて、人々の救済に当たらせる。それが『華厳経』が説く菩薩の道だとの天皇の理解があった。繰り返しになるが、すでにそのようなモデルを行基が実践してきた。天皇が高く評価していた行基が亡くなった直後のこの時期、天皇には残された優婆塞ら技術者集団の行き場が脳裏にあったのかもしれない。なお、優婆塞らについては後で詳しく触れる。

占定の有効期限

ところで、占定された墾田地は開墾されてこそ価値を生む。それにはまだ年月を要するはずであるが、墾田永年私財法は開墾地の占定手続きとその有効期限を規定していた(『類聚三代格《るいじゅうさんだいきゃく》』)。それによると、墾田地を占定するには平栄の場合のように、国司に申請しなければならないが、占定の有効期限は三年で、三年経っても開墾しない場合、申請地の占定は無効となり、国司はもし他人が開墾を申請すればそれを認める、とあった。広大な土地を占定することに成功したとしても、すぐさま私有権が得られるわけではない。三年以内に、開墾に要する人材と資力と労働力を用意しなければならない。平栄ならずとも多忙を極めたに違いない。

いずれにしても、これらのことを考慮すると、出家者であれ在家信者であれ、さまざまな立場の人々を受け入れるためには、東大寺はそれに備えた体制を整えておかねばならない。寺院といえば堂塔・伽藍に注目が集まりがちであるが、そこに止住し、何らかの宗教および経済活動を行っている僧侶やそれを支える人員の存在があってこそ成り立つ。つまり東大寺や国分寺を含めて、寺院を宗教共同体の観点から一瞥しておく必要があろう。

三　寺院形態への模索

僧制の起源

東大寺は山房時代に智行僧の九人から始まった。それからおよそ二十年後の天平勝宝元年頃、東大寺にはどれほどの僧侶が帰属していたのであろうか。天平十六年十二月に金鍾寺での燃灯供養に当たり、一〇〇人が得度を受けたという以外、記録はまったくない。

ここで改めて律令制下の僧侶とはいかなる存在か、確認しておきたい。僧とは僧伽《そうぎゃ》ともいい、本来サンスクリット語のサンガを音訳したもの。「僧侶」は漢語の侶《とも》との合成語。サンガはインドで群れや団体を意味し、これが仏教に採用され、教団を指すこととなった。一方、寺院は都市の郊外などの土地が所有者によってサンガに寄進され、僧伽藍《そうぎゃらん》（サンガラーマ）、略して伽《が》藍《らん》といったのを淵源とする。やがて出家者の定住化によってさまざまな施設からなる僧院（ヴィハーラ）が形成されていった。

仏教がインドや西域の伝法僧によって中国に伝えられると、王朝ではそうした僧侶を鴻臚寺《こうろじ》に宿泊させた。「寺」とは役所のことで、鴻臚寺は外国からの賓客などを接待する役所であった。僧が止住する伽藍を寺と呼ぶようになったのはこれに由来する。

律令制下の僧侶

むろん日本もこうしたインド以来の伝統を受け継ぎ、寺院は堂塔・伽藍と僧院とをあわせもつ施設となった。仏教伝来からの二〇〇年間、国家や有力氏族が建立する寺院は数を増し、出家希望者も増加しつつあった。持統天皇時代、安居《あんご》終了日に絁・糸・綿・布などの布施を受けた七寺の沙門《しゃもん》、つまり僧侶は三三六三人、別途前年に没した皇太子草壁皇子《くさかべのみこ》のために安居した三寺の沙門は三二九人だったという。いずれも寺名は未詳だが、前者は一寺当たり四八〇人、後者は一一〇人が帰属していたことになる。

大宝律令制定以来、国家では出家を厳しく規制した。僧尼は一般人のための戸籍とは別途に、左右京職《きょうしき》や諸国司が六年ごとに作成する僧尼籍に登録される。その基礎となるのは毎年各寺の三綱《さんごう》(寺務管理者)が国司に提出する僧尼の名帳で、僧尼帳《そうにちょう》とか綱帳《ごうちょう》とかいった。そこには僧名・年齢・臈《ろう》(出家後の年数)・出家以前の本籍の国郡里(郷)・戸主氏名・本人氏名・身体的特徴・度縁《どえん》もしくは戒牒《かいちょう》を受けた年月日・師主名・寺名などが記されていた。

この法の定めによれば、六年ごとの各寺の出家者数が国家によって把握されていたはずであるが、そのような全国の僧尼数の統計記録は残っていない。しかも年月を重ねるにつれ、制度の実態は曖昧なものとなったようである。

養老四年(七二〇)正月、出家した僧尼にそのことを証明する公験《くげん》、いわば僧侶の身分証明書を初めて発給することになり、担当役所の玄蕃寮《げんばりょう》が四年がかりで僧尼籍と僧尼帳を対照・調査したところ、名簿の人体《にんてい》が実在の人物と齟齬をきたす僧尼が多数発見された。その人数は全国で一一二二人に達した。そこで上級官庁の治部省では、即位したばかりの聖武天皇に「法に則り公験を発給したいが、どのように処理すればよろしいか」と奏聞《そうもん》した。神亀元年(七二四)十月のことである。天皇の裁可は「飛鳥時代以来はるか年月を経過して尋問は困難であるし、名簿も不備があるので、現状を追認して発給するように」というものであった。

名籍が不備な僧尼数の割合が二〇パーセントほどとすると、全国で約六千数百人の僧尼が存在したことになる。ただ、ここで問題になっているのは国家が認定した官度僧《かんどそう》だけである。当時、官許を得ずにひそかに得度をした、私度僧《しどそう》と呼ばれる僧尼が多数存在し、律令政府ではこれを社会問題視した。その元凶と目されたのが僧行基であった。

行基の登場

養老元年(七一七)四月、政府では僧尼令に違反するような宗教的行為を禁ずる布告を元正天皇の詔として出した。その骨子は三つある。すなわち、一つは勝手に剃髪して僧形《そうぎょう》となることの禁止である。行基らの行為は、国家にとっては課役を逃れる一手段と映っていた。二つは、僧行基とその弟子らに対する指弾である。僧尼は寺院に起居して仏教の学習と伝承をするのが原則であり、托鉢は三綱の連署による届出が必須であるにもかかわらず、小僧行基らは勝手に街中に出て、みだりな説法をして民に本来の生業を棄てさせている、と。三つには、僧尼による治療行為の規制である。律令では原則許可されているが、病人の家に出入りし、みだりな幻術や巫術《ふじゅつ》や占術などの行為で老若を惑わすことは禁止するというものである。ときに行基は五十歳であった。

それから十四年後の天平三年(七三一)八月、聖武天皇は詔した。「行基法師に従う優婆塞・優婆夷のうち、法令に従って修行している者は、男は年六十一以上、女は年五十五以上について出家することを聴許する。その他の優婆塞・優婆夷で托鉢行為をする者は、関係の役所が厳しく対処するように。ただし、出家者でなくとも父母・夫の喪中にある者は、一年を限りとして仏法による修行を役所は認めるように」と。

これら行基をめぐる二つの詔は対照的である。前者は「小僧行基」と蔑視を込め、後者は「行基法師」と称している。これは行基を利用することが朝廷にとって得策だと考えたからだとする研究者もいる。しかし、対応の変化というよりも、律令の制定者が想定していた仏教観、とりわけ僧尼観が聖武天皇のそれとは異なることからきているのではないか。それもこれまで述べてきたように、聖武天皇の仏教に対する学習の結果だと思われる。

優婆塞・優婆夷

ここで注目したいのは、前者の行基の「弟子ら」とは実際は優婆塞《うばそく》・優婆夷《うばい》を指しているということである。優婆塞とは、三宝に帰依して五戒を守りながら、いずれは出家したいと考えている在俗の男性信者のことで、女性は優婆夷といった。天平六年(七三四)十一月、太政官奏により出家の条件が定められた。①『法華経』一部八巻もしくは『金光明最勝王経』一部十巻の暗誦、②礼仏など仏事方法の修得、③三年以上の修行。これらの条件を満たす者は国司などを通じて、僧尼の名籍を掌《つかさど》る治部省玄蕃寮《げんばりょう》に推挙してもらい、得度の機会を待つ。

ところが正倉院に残る優婆塞貢進文《こうしんもん》の実例を見ると、修行が三年どころか八年から十年と長期に及ぶ者が多かった。律令法によって国家が定例的に認可する年分度者《ねんぶんどしゃ》は毎年十人と、きわめて狭き門だったために、有力者との縁故を頼って度人として推挙されるなど不正も生じた。寺院数が増加し、宮廷の仏事も増える当時にあっては、僧尼数が不足を来たす。それを補うかのように、天皇や太上天皇の病気平癒祈願などに当たり、一〇〇人、ときには一〇〇〇人といった多数の優婆塞・優婆夷が天皇の恩勅によって得度を受けた。

これでは僧尼の資質は低下する。当時の指導的地位にある僧侶がそう考えるのは当然かもしれない。しかし、これはあくまで律令法に基づく僧尼を前提とした場合である。つまり、仏教が説く出家者の使命とは何か。経典の暗誦に、あるいは仏事に熟達しているとしても、そのような出家者が、果たして天変地異に苛まれ、生きることに苦しむ現前の民を救うことができるのか。どうやら聖武天皇は違和感を覚えていたようである。

出家の規制を打ち破る新制度

天平十三年(七四一)七月より恭仁京造営の一環として、賀世山《かせやま》の東で木津川を渡る橋の架設工事が進められ、それが十月に完成した。平城京から恭仁京に通じるために木津(泉)川に架けた恭仁大橋である。恭仁大宮の造営に伴って必要となった木津川の官の橋で、現在鹿背山《かせやま》の東北の旧住所で加茂町河原小字橋本というところが架橋点と推定されている。工期に四か月半を要したが、注目されるのは、国家が徴発する役夫ではなく、畿内・諸国から集まってきた優婆塞らを使役したことである。『続日本紀』によれば、彼らは完成すると得度が許され、正式の僧尼になったという。総勢七五〇人であった。

この当時は行基が各地で土木事業に活躍していた頃で、『行基年譜』の記述とも一致することから、これらの優婆塞らは行基に従う人々だったと考えられている。架橋工事が十月に完成すると彼らに得度を許可したというのは、これまでの得度の条件からすると、画期的な方針が打ち出されたことになる。聖武天皇の意思が反映されていることは間違いない。つまり、国家的事業への労役に参加することによっても得度が認められるという新たな道が開けたのである。

しかも、このときの得度に関連して、きわめて貴重な史料が存在する。それは伝教大師最澄《さいちょう》が残したもので、宝亀十一年(七八〇)十一月十二日、三津広野《みつのひろの》、のちの最澄が近江国分寺で得度を受けたとき、最澄の師主となった僧行表《ぎょうひょう》は、当時大安寺伝灯法師位の地位にあり、近江大国師を兼務していた。最澄が著した『内証仏法相承血脈譜《ないしょうぶっぽうそうじょうけちみゃくふ》』所収「大日本国大安寺行表和上」の略伝によれば、行表はかつて優婆塞として天平十三年の架橋工事に労役奉仕をしており、この年に得度を受けて沙弥となった。年齢が省略されているが、推定二十歳、師主は大安寺の唐僧道璿《どうせん》であった。実際に行われた恭仁宮での得度はやや降《くだ》った同年十二月十四日で、度者は総勢七七三人だったとある。

労役奉仕の日数

それでは国家的事業のために何日ほど働けば得度の資格が得られるかが次に問題となる。これには架橋工事に従事したおよそ四か月、一二〇日間というのが先例になったようである。東大寺の造営事業を担った国家機関の造東大寺司は、その前身の金光明寺造物所を引き継いだものだが、その記録でもある正倉院文書のうち、天平十七年九月二十一日付、百済女王解《げ》(上申書)は、近江国高嶋郡高嶋里戸主《こしゅ》川直鎧《かわのあたいよろい》の戸口で年十七の川直吉麻呂《よしまろ》が「甲賀役百廿日」奉仕しているので、百済女王が得度を受けさせてやりたいと上申したもの。

天平勝宝二年（七五〇）四月二十四日付の尾張国国師鏡忍《きょうにん》解は表題を欠くが、尾張国中嶋郡茜部郷戸主長谷部稲持《はせべのいなもち》の戸口で、年二十五の長谷部池主《いけぬし》がすでに「参入役日百日」になったので、また同じく四月二十四日付の尾張国海部郡志摩郷戸主甚目百足《じもくのももたり》の戸口で、年二十三の甚目子牛養《こうしかい》がすでに「参入役日百廿日」になったので、国師鏡忍が得度を受けさせてやりたいと上申したもの。他では、五か月以上も金光明寺造物所に「役使」した例がある。

造東大寺司所属の優婆塞

一定の国家事業で労役奉仕する優婆塞・優婆夷はたとえ出家を希望したとしても、あくまで在家者であり、その管理は「優婆塞司」が担ったようである。まだ若年の佐伯今毛人が天平十七年に優婆塞司を担当していたことは第一章で触れた。同じ寺域内で東大寺僧のもとで働いたとしても、僧侶の寺務方である三綱が管理していたわけではない。

一方、出家を希望する優婆塞らとは別途に、知識として東大寺の造営に参加した優婆塞も多数が存在した。天平勝宝二年五月二十七日付「掃部寺造御塔所解《かにもりでらぞうごとうしょげ》」はそのことを例示する。

この文書は、掃部寺御塔所別当の伊福部男依《いふくべのおより》が日置龍麻呂《へぎのたつまろ》ら六人の「智識優婆塞」について、この年の五月分の上日（勤務日数）を造東大寺司政所に報告したもの。これによると、知（智）識優婆塞が造東大寺司のもとで労役奉仕を行い、しかも、それが現場事務所の責任者の監督のもとに行われていたことがわかる。

労役奉仕によって得度資格を得た者は、しかるべき貢進者によって推挙されるが、かならずしも全員が出家を認められるわけではなく、審査を受けねばならない。幸い得度を受けて国家から度縁《どえん》を授けられても、まだ沙弥という見習僧の段階で、正式の僧侶になるにはさらに修行を積む必要があった。

それでも天平二十一年四月一日、聖武天皇が黄金産出の悦びを国中の人々と分かち合いたいとしたとき、造東大寺司の官人たちは二階級特進の恩典に与れるよう指示があったが、それは翌天平勝宝二年正月の叙位にさいして果たされた。すなわち「造東大寺司の官人已下《いか》優婆塞已《い》上《じょう》の、一等三十三人に位三階を、二等二〇四人に二階を、三等四三四人に一階をそれぞれ叙す」となった。これらのうち優婆塞がどれほどの割合を占めたか不明だが、創建期の東大寺でかなりの優婆塞が労役奉仕していたことがわかる。

四　国分寺と東大寺

国分寺の入寺資格

聖武天皇は律令制に基づく僧尼に違和感を覚えたとしても、むろん国家的事業に労役奉仕させるだけで出家に値するとしたわけではない。これはあくまで異例の措置であった。天平十三年に勅した国分寺の創建が、民衆に仏教思想を啓蒙するという目的もあったことはすでに前章で指摘した。民衆を啓蒙するには、僧侶自身が民衆を救うためのあらゆる手段を身に付けることが前提となる。それが大乗仏教の教えでもある。そのためには、律令制の僧尼とは異なる新しいタイプの僧尼を養成しなければならない。創建の詔のなかの僧尼に関する部分は、そのような天皇の思いが込められている。

では、どのような人物であれば国分寺に入ることができるのか。『続日本紀』や『類聚三代格』が記す勅にはなぜか入寺資格が欠落している。しかし、思託の『延暦僧録』の逸文によると、寺名や僧尼の定員などを定めた条例第二条には続きがあって、「男女とも民の十二歳以上二十歳以下を取って精進練行させ、操行を確かめたうえ、出家の決心が変わらないようであれば入道を許すように」と規定していた。ところが翌天平十四年五月二十八日の太政官符では、直ちに得度はさせず、数年間その志性を確かめてから許可するよう命じている(『類聚三代格』「国分寺事」)。官人は天皇とは異なる立場であることを主張したのであろうか。

五明による教育

僧侶の組織的な養成についてはよくわかっていないが、全般的に古代の僧侶には、土木や建築に明るかったり、聖武天皇の侍医を務めた法栄のように、医術に詳しい者が存在する。古くは吉宜《きちのよろし》のように、もとは恵俊《えしゅん》という僧侶であったが、医術に優れているという理由で、国家から還俗《げんぞく》するよう勅命を受けた例もある。

これらはインド以来の五明《ごみょう》による教育の伝統が日本にも伝わっていたことを示している。五明とは五つの学問ということである。この五明について要点を述べているのは玄奘である(『大唐西域記』巻第二)。

玄奘はインドの教育について「児童の教育にはまず悉曇《しったん》十二章から始め、七歳以後ようやく五明の大論を授ける」と記し、五明の内容について詳述している。すなわち、「五明とは一に声《しょう》明《みょう》」とし、声明は声に係わる学問なので、現代では言語学や文法、外国語に当たる。二の工巧《くぎょう》明《みょう》は「技術・工芸・陰陽・暦数である」としていて、要するに形を作る方法に関する学問であり、形には建築や原野を切り開くような土木や天文も含まれる。三の医方明《いほうみょう》は「禁呪《ごんじゅ》をし邪悪をふせぎ、薬物・治療法、鍼《はり》・灸の術である」という。医術、薬草学である。人間にとって病は付き物であり、直接的な人助けになる。

四の因明《いんみょう》は「正邪を考え定め、真偽をきわめしらべる」学問であると述べるが、論理学に当たる。五の内明《ないみょう》は「五乗の因果の妙理を研究する」学問とし、仏教を主とした教学を指している。これら五明のうち、声明は節の付いたお経の意味に変わり、工巧明と医方明は専門化し、因明と内明は論義法要として現在まで残った。

僧侶養成機関としての東大寺

このような高度の学問を地方の国分寺が教授できるわけはない。その役割を担うのは都の国分寺であるのちの東大寺であった。十二歳から二十歳までの入寺希望の男子を優婆塞として受け入れた国分寺では、資格に堪える者を沙弥として得度させると、できるだけ都の国分寺へ送り込んで教育を受けさせる。そのような僧侶養成のシステムを提言したのは道慈でなかったかと筆者は考えている。

これまでも触れたように、道慈は唐に十七年間留学して帰国したあと、若い聖武天皇のブレーンとなった。彼は『愚志』一巻を著して、「俗人であれ僧であれ、日本で行われている仏法の規則は唐国のそれとは異なっている」と僧尼の現状を鋭く批判し、「もし経典に順《したが》う僧尼であればよく国土を護ることができる」と論じていた。また『懐風藻《かいふうそう》』によると、道慈はよく五明の奥深い趣旨を語ったという。『続日本紀』は道慈が工巧《くぎょう》の妙手で、大安寺の造営にその才を生かし、あらゆる匠手《たくみ》が感服したと伝える。唐で経験したさまざまな学問や技術を国分寺出身の若い見習僧たちに学ばせることが、仏法による国土の繁栄を願う天皇の期待に応えることだ。それでこそ国家の国分寺であると、そのように思ったことであろう。

のち光仁天皇時代の宝亀十年(七七九)八月、僧尼籍に記す僧尼の存否を調査させたところ、平城京には修行期間を経ても本国に帰らない諸国国分寺所属の僧尼が多く存在した。このことは国分寺僧が東大寺で修学したことを間接的に証明している。

六宗兼学

一定期間の基礎学習を終えると、沙弥は六宗にわたって仏教学を学んだ。興福寺は法相《ほっそう》(法《ほっ》性《しょう》)宗を専門とする寺とされるが、東大寺は華厳を根本とするも、兼学の気風が早くから根付いたようである。それは、聖武天皇が天平感宝元年(七四九)閏五月二十日の願文で、「一切の大乗・小乗の経・律・論、抄・疏・章等、必ず転読・講説し、悉く尽《つく》し竟《を》へしめよ」と僧侶たちに命じたことによると思われる。諸国国分寺を代表する大倭国国分寺では当然のこととされたに違いない。念のために断っておくが、ここでいう「宗」とは後世の教団としての宗派とは異なり、教義上でのいわば学派のことである。奈良時代には六宗があり、平安時代になると真言と天台が加わった。

　正倉院文書によると、大仏殿内には四天王像のような神像などの画像が施された六宗の厨子が安置されたことがわかる。第一厨子は華厳宗、第二は法性宗、第三は三論宗、第四は律宗、第五は薩婆多《さばた》宗、第六は成実《じょうじつ》宗のためのものである。ただし、第五厨子の薩婆多宗とは説一切《せついっさい》有部《うぶ》の倶舎《くしゃ》宗を指す。

　各厨子の内部の壁面には、その宗派の教理にふさわしい神像や菩薩像が描かれた。たとえば華厳宗の厨子ならば、梵天、普荘厳《ふしょうごん》童子、普賢《ふげん》菩薩、文殊師利《もんじゅしり》菩薩、善財童子、帝釈天、増長天、広目天《こうもくてん》、主夜神《しゅやじん》、海幢比丘《かいどうびく》、賢慧《けんね》菩薩、馬鳴《めみょう》菩薩、海雲比丘《かいうんびく》、主昼神《しゅちゅうじん》、多聞天《たもんてん》、持国天《じこくてん》の十六体である。これら六宗の厨子に菩薩や諸天の絵を描くために配置された画師は天平勝宝四年(七五二)四月分で延べ三六四人とあるので、およそ一日当たり十二人従事したことになる。大仏殿内の造作がいかに大規模なものだったか想像を超えるものがある。

　また、六宗を一覧的に知ることのできる好都合な文書が存在する。華厳宗では天平勝宝三年(七五一)頃に宗所として聖教類を完備しようという計画があったらしく、良弁の指示により羂索堂所属の僧智憬《ちきょう》が中心となって他の宗所から経巻類を借用していた。華厳宗の厨子に納める経巻類のためだったかもしれない。当面の文書は年紀を欠くが、文書記載の人物について、それぞれ他の文書も勘案すると、良弁が少僧都《しょうそうず》に任命された同年四月以降、十一月頃までに書かれたものと推定できる。内容は智憬が東大寺内の五宗の学頭や維那《いな》らに宛てたもので、これまでの良弁〔少〕僧都の宣を承《う》けての作業は終わったが、今なお漏れがあったのでお願いしたいという書状である。宛名部分のみを列記すると次のようになっている。

法性宗	大学頭承教師 維那寂雲師	小学頭仙寂師 玄愷師
三論宗	大学頭諦證師 維那徳懿師	小学頭洞真師
律宗	大学頭安寛師 維那仙主師	小学頭法正師
倶舎宗	大学頭善報師 維那勝貴師	小学頭朗賢師
成実宗	大学頭光暁師 維那賢融師	小学頭憬忠師

これを見ると、天平勝宝四年（七五二）の大仏開眼会までに東大寺内に六宗の組織が存在し、各派には学問上の責任者として大学頭と小学頭、寺務方の責任者として維那が指名されていたことがわかる。なお某宗の学頭であっても、東大寺全体の三綱の都《つ》維那《いな》を兼務することがある。つまり学問をしながら寺務をこなしたということであろう。

ところで、開眼当時すでに六宗の組織が整えられていたとすると、これら六宗所属僧侶はいったいどこに住んでいたのか疑問が湧いてくる。天平十三年にはまだ沙弥だった智憬は、その後具足戒を受けて正式の僧となり、羂索堂、つまり法華堂付置の僧坊に止住したことがわかるが、これはきわめて稀な事例である。講堂の建設は天平勝宝五年(七五三)に準備が始まったとされているので、付属の僧坊はまだ存在していない。

僧侶集団の規模

さて、東大寺にどれほどの僧侶が帰属していたかの課題については具体的な史料がないので、他寺の例から類推するとしたい。まず挙げられるのは大仏開眼会当日の模様である。『続日本紀』は一万人の僧侶が招かれたと伝えるが、『東大寺要録』によると、「衆僧沙弥尼并《あわせ》て九千七百九十九人」、異本では都合一万二十六人だったとある。また大安・薬師・元興・興福の四大寺が種々の珍奇な物を献じたという。

正倉院には湿気で蠟燭状に固まってしまった巻子《かんす》が十数本あり、かつては何が書かれているか見当がつかなかった。ところが別途「塵芥文書」や「塵芥雑張」を調査した正倉院事務所長(当時)の杉本一樹氏は、雑張第一冊の断片を修正した結果、開眼師菩《ぼ》提僊那《だいせんな》と呪願師《しゅがんし》道璿の両名の記載から、その歴名部分が大安寺よりの出仕僧名簿に当たると気付いた。つまりこれらの巻子すべては各寺から提出された開眼会への出仕僧名簿だったのである。

天平勝宝八歳(七五六)五月二日に聖武天皇が崩御すると、七日ごとの忌日に法要が営まれた。五月八日の初七日《しょなぬか》と二七日《にしちにち》は七大寺が、同二十二日の三七日《さんしちにち》は左右京の諸寺が誦経したが、六月四日の五七日《ごしちにち》は大安寺が勤め、設斎《せっさい》に与った僧と沙弥は合わせて一千余人、六月二十一日の七七日《しちしちにち》(四十九日)は興福寺が勤め、同じく設斎に与った僧と沙弥は合わせて一千百余人だったという。こうした数字は大蔵省から僧侶に布施を渡さねばならないことから、間違いないと思われる。

なお、あらためて断っておくが、沙弥は得度にさいし十戒を受けた見習僧のことで、インドでは七歳以上二十歳未満の出家者を指す。僧とは、具足戒を受けた正式の僧侶のことである。一〇〇〇人を超える規模の僧侶が存在したことになるが、その大半は沙弥だったのではなかろうか。大安寺や興福寺の例からすると、東大寺は後発の寺であるが、やがてこれらの人数に近づいたことであろう。

奴婢の実態

ところで、宗教共同体という視点で古代の東大寺を考えた場合、奴婢《ぬひ》の存在を見過ごすことはできない。研究者によっては、奴婢は奴隷に近い人たちであり、東大寺はそうした奴婢を使役する貴族寺院だと考えているからである。

古代の東アジアの身分制社会では、奴婢は賤民とされ、中国では良民に土地を与えても、奴婢には与えなかった。日本は唐の律令制を継受したものの、良民に一定の口分田を分け与えただけでなく、奴婢にもそれぞれ良民男女の三分の一を与えた。

東大寺が大勢の奴婢を抱えることになったのは、天平勝宝元年十二月二十七日に詔があって、男女の奴婢を各一〇〇人、計二〇〇人が国家から施与《せよ》されたことによっている。この日は八幡神がはるばる宇佐から上京して、東大寺を参拝した日に当たる。それを記念しての、いわばお祝いを兼ねた施しなのである。

幸い、これら二〇〇人の奴婢については、明治期に正倉院に帰属することになった東大寺東南院文書に詳細な記録が残っている。それによると、施入《せにゅう》の事務的な手続きはおよそ二か月後に行われている。まず天平勝宝二年(七五〇)二月二十四日付の「官奴司解《かんぬしげ》」が挙げられるが、これには施入の奴婢のこれまでの所属や住所等を別にした内訳人数のほか、名前・年齢等が詳細に記されている。

宮内省被官の官奴司による選定に基づいて、二日後の同年二月二十六日に太政官符が発行され、大倭国金光明寺(東大寺)に施入する奴婢二〇〇人の内訳、官奴《かんぬ》六十六人、官婢《かんぴ》五十一人、計一一七人、嶋宮《しまみや》奴三十四人、嶋宮婢四十九人、計八十三人を記したのち、「去年十二月二十七日の勅を奉るに偁《いわ》く、上件の奴婢等、金光明寺に施し奉る。其の年六十六以上に至る(者)及び廃疾者は、官奴婢に准《なぞら》え、令に依り施行す。……」とあって、施入に至る手順が明らかとなる。

そこで、せっかく詳細な記録を残してくれているので、その内容を吟味してみると、二歳や三歳の幼児が多数混ざっており、意外なことが判明する。まず、年齢構成を集計すると次表のようになる。これによると、一歳から二十歳までの幼少児が、男子では六三パーセント、女子では四六パーセントを占めており、到底労働力の付与とは認められない。そのうえ、個々の人名について名簿で当たってみると、「〇〇年に逃」、つまり本貫(本籍)からの逃亡と注記された人物が存在する。男の奴では十人(年六十二、二十三、四十七、四十九、四十四、四十四、二十六、二十七、十九、十八)、同じく女性の婢では五人(年六十、三十九、三十七、三十一、五十一)を数える。ここでの逃亡者とは、東大寺に施与する以前にすでに逃亡している者のことである。女性でもっとも古いのは和銅六年(七一三)に逃亡し、いまは六十歳である。つまり二十三歳のときに逃亡し、三十七年間行方不明だということになる。男性でもっとも古いのは養老元年(七一七)に逃亡し、いまは四十九歳だという。つまり十六

奴婢 計 200 人の年齢構成

年齢	奴(人)	婢(人)
1〜10 歳	37	30
11〜20 歳	26	16
21〜30 歳	18	14
31〜40 歳	1	13
41〜50 歳	10	14
51〜60 歳	7	10
61〜70 歳	1	3
合計	100	100

歳のときに逃亡し、三十三年間行方不明だというのである。要するに、逃亡者と注記されている人物は名目だけの施与なのである。悪くいえば空手形である。このような人物を施されて、東大寺としてはどのような利益があるというのだろうか。

しかも年齢層からすれば、逃亡とされた者たちは、いわゆる働き手に当たる。その奴婢たちが実際には存在しないのであるから、この奴婢の施与というのが労働力の付与であったとする可能性はさらに低くなる。施与の別の理由を考えなければならない。

次に注目したいのは、今奴の「黒万呂年五十三」が「知木工」と注記されていることと、「国万年五十一」以下十三人の今奴および「目女年二十七」以下三人の今婢が、もとは内匠寮《ないしょうりょう》に属したとされていることである。内匠寮とは、神亀五年(七二八)七月に令外《りょうげ》の官司として新設されたもので、「雑色《ぞうしき》の匠手《たくみ》、各《おのおの》数あり」とあるように、宮中で必要となるさまざまな工芸品を制作する役所であった。天平十七年の正倉院文書によれば、その下部組織に三十名の匠を擁する「造菩薩司」が設けられていた。したがって、これらの奴婢は以前の生活経験から、木工等の手に職を付けた者たちであろう。

また今婢の「宇志呂女《うしろめ》年二十」に続いて、「猪中女年十二」と「与等女年七」「已上《いじょう》二人宇志呂弟」と注記がある。奈良時代の「弟」は妹も意味するので、これら三姉妹は互いに引き離されることなく、ともに施与されていることになる。とくに注記した理由はわからないが、法の定めるところでは、奴婢は家族を持てないことになっている。それにもかかわらず、姉妹のまま一緒に住めるということや、赤子も同様の幼児であっても施与の人数に計上されていることは、これらの奴婢が実は複数の家族を含む存在だったことを示している。

以上のような考察からすると、東大寺に施与された実働一八五名の奴婢というのは、もとはバラバラになった難民ともいうべき家族ではあったが、これからは東大寺で何らかの仕事をして面倒を見てもらうようにという、一種の社会的救済措置だったことがわかるのである。

このことは、のちに葛木戸主《かずらきのへぬし》なる者がかねてから平城京の孤児を収容して養育していたが、孤児たちが成人したのを機に、天平勝宝八歳（七五六）十二月、孝謙天皇が恩勅を下して、紫微《しび》少忠従五位上の地位にあった戸主の戸に編附して、養子とさせたという史実を思い起こさせる。天平勝宝元年の奴婢の施与が東大寺に対する労働力の付与ではなく、社会的弱者の救済だとすれば、それは聖武天皇の意思に基づくものであろう。

第四章　盧舎那大仏を世界に

一　開眼供養会へ向けて

藤原仲麻呂、大納言となる

盧舎那大仏がまだようやく巨体を現したに過ぎない未完の段階において、黄金産出を政治的な好機として、「三宝の奴」という形での仏法への帰依の表明、天平感宝への改元、「太上天皇沙弥勝満」という名乗りによる譲位と出家、阿倍内親王への譲位と孝謙天皇の即位、天平勝宝という新たな改元と、聖武天皇は一気呵成に重大な問題を処理した。これによって聖武天皇から孝謙天皇へ、政治は大きく舵を切った。しかし、新天皇は吉備真備《きびのまきび》から帝王学を受けていたとはいえ、一抹の不安が残る未熟な存在であった。

即位の当日、政府高官の人事異動の発表があり、正三位参議藤原仲麻呂が大納言に、従三位の石上乙麻呂《いそのかみのおとまろ》と紀麻呂《きのまろ》、それに正四位上多治比広足《たじひのひろたり》の三人が中納言に、大伴兄麻呂《えまろ》・橘奈良麻呂《たちばなのならまろ》・藤原清河《きよかわ》の三人が参議になった。古代天皇の強みはなんといっても人事権を掌握していたことである。しかしこの人事に孝謙天皇の意向が反映しているとは思えない。仲麻呂は紫香楽時代に官僚としての有能さが認められ、二階級特進を果たしているので、聖武天皇が配慮したのであろう。

これで、すでに議政官の地位にあった左大臣橘諸兄らを加えた十二名が新政権を担うことになった。だが古い体質の議政官構成に、頭が切れて算術にも詳しいとの評判ながら、新参者で野心家の仲麻呂が会議で発言力を強めていくのは、誰の目にも明らかであった。

紫微中台の創設

孝謙天皇はあまりにも未熟だったようである。いざ発足してみると、新天皇のもとでの太政官体制に軋みが生じたらしく、一か月ほど経つと紫微中台《しびちゅうだい》という新たな役所が創設され、藤原仲麻呂がその長官の紫微令を兼任、参議大伴兄麻呂、同じく参議で式部卿の石川年足《いしかわのとしたり》も次官の大弼《だいひつ》を兼務することになった。また部下として、兼任もしくは専任の形で十一名にも上る官人が発令された。翌九月には改めて紫微中台の官人構成および相当位が定められた。総勢二十二名の四等官制であるが、任命された者には議政官、式部省、衛府《えふ》の官人の兼務が多い。

議政官でも参議に過ぎなかった藤原仲麻呂が、いきなり大納言に昇格したことだけでも異常な人事と思えるが、令外の新役所の長官にまで上り詰めるには、何かよほどの推挙があったに違いない。いまや病床に臥すことの多くなった聖武天皇にしてみれば、政局の運営を未経験な孝謙天皇に委ねるのは心もとなく、光明皇后に後見役を依頼したからであろうか。皇后はこれまでも目にかけていた甥の藤原仲麻呂を抜擢しただけでなく、政局の運営がやりやすいように、行政組織の改変まで認めたようである。人事や職務の内容を見ると、かつての皇后宮職よりはるかに権限が強化されている。

沙弥となった聖武太上天皇のもと、皇后を置くことがあり得ない女性の孝謙天皇を支えるために、光明皇太后はみずからを拠り所とした行政機関の創設を了承し、藤原仲麻呂が実権を振るいやすい政治体制を創り上げたといえる。事実、律令制での最高官庁は太政官のはずであるが、どうやらその権力の大半が紫微中台に奪われ、実権は藤原仲麻呂の掌中に帰したらしい。

宇佐八幡神の東大寺参拝

孝謙天皇が即位して旬日余りの七月十三日、諸寺墾田地上限額の制定という、東大寺にとっても重要な決定がなされた。東大寺の墾田地上限額の四〇〇〇町は他寺と比べて破格の扱いであった。しかし、墾田地はあくまで開墾されてこそ価値を生む。それにはまだ年月を要するはずである。東大寺の造営は国家事業であるから論外としても、僧侶集団からなる共同体としての東大寺には、やはり維持管理のための当座の費用が要る。この点、すでに東大寺の僧侶集団の代表格であった良弁《ろうべん》にとって、聖武天皇の手を離れた孝謙天皇即位後のおよそ半年間は、何かと心労の重なる時期だったと思われる。

盧舎那大仏の仏身がこの年の十月二十四日に鋳了したあと、十二月に螺髪《らほつ》の鋳造が始まるなか、はるばる宇佐から八幡神の神輿が入京し、十二月二十七日に禰宜《ねぎ》尼《に》大神杜女《おおみわのもりめ》ら一行が東大寺を参拝した。聖武太上天皇にとって八幡神を迎えることはきわめて重要な意味を持っていた。この日、聖武太上天皇・孝謙天皇・光明皇太后も行幸して、百官・諸氏ことごとく東大寺に集い、僧五〇〇〇を請じて、礼仏読経の法会を営み、大唐・渤海の楽や伎楽が奏され、五節田《ごせちのた》舞《まい》や久米《くめ》舞《まい》など日本古来の歌舞も奏納された。

宇佐八幡宮南中楼門(八幡総本宮宇佐神宮提供)

太上天皇は八幡神に、造立を成し遂げられたのも託宣のお蔭と謝し、位として一品を献じた。ここに神仏習合への道が開かれていく。このとき、東大寺にも施与があり、封五〇〇〇戸、奴婢計二〇〇〇人が施入された。『続日本紀』に四〇〇〇戸とあるのは、東大寺が提出した資料に拠るか。奴婢については前章で触れた。

明けて天平勝宝二年(七五〇)正月からは仏身の鋳加え作業に入った。ちょうどこの時期、聖武天皇に重用され、孝謙天皇の教育係も務めたことのある、当時もっとも有能な人材として名を成した吉備真備が筑前守に左遷された。ライバルの都からの放逐である。仲麻呂への権力集中が進む。

揃って東大寺に行幸

新しい政治体制のもと、聖武太上天皇以下政権担当者のあいだで、寺院としての東大寺の構想が検討されたのであろう。陸奥国の黄金産出の知らせを受けてからちょうど一年という吉辰《きっしん》に当たる同年二月二十二日、聖武・孝謙・光明の三人が揃って東大寺に行幸し、これまでの封一五〇〇戸に三五〇〇戸を加えて、計五〇〇〇戸を施入した。

東大寺の封戸《ふこ》は天平十九年(七四七)九月に金光明寺食封《じきふ》として一〇〇〇戸が施入されたのが最初である。天平勝宝元年十二月に加増された五〇〇戸は、大倭国金光明寺分として施入されたもの。地方の金光明寺(国分寺)は五十戸であった。当座の造営と維持のためには封五〇〇〇戸が必要であると判断されたのであろう。大安寺が一〇五〇戸、興福寺が一二〇〇戸であったのと比べると破格の扱いである。この決定にはむろん仲麻呂も深く関わったと思われるが、この問題はのち、仲麻呂と東大寺との軋轢に発展する要素を含んでいた。

明けて天平勝宝三年(七五一)正月には孝謙天皇自身が東大寺に赴き、木工寮《もくくりょう》の長上《ちょうじょう》神磯部《みわのいそべ》国麻呂、つまり大仏殿建築の責任者を貴族の外従五位下に叙した。造営を督励したことは言うまでもない。これを端緒に七堂伽藍が整えられていくが、それにはかなりの年月を要した。

遣唐使・遣新羅使の任命

大仏造立ならびに大仏殿造営の工事が順調に進み、この分では、聖武太上天皇が望んでいる仏教伝来二〇〇年を期した天平勝宝四年(七五二)の大仏開眼供養会も可能だ。いまや派遣すべき使節を任命して準備をととのえ、このことを近隣諸国に知らせてはどうか。そのような議論が朝廷内に起こったとしても不思議ではない。

むろん聖武太上天皇に異論があろうはずはない。とりわけ新羅については、彼らも重視する『華厳経』の採用とその教主である盧舎那仏造立を彼らに実見させて、日本の尊厳的立場を保持しつつ新羅との極度に緊張した関係を平和裏に解決する、そのような願いを抱いてきた。そのうえ、仏教国にふさわしい戒師を唐から招請する件もまだ実現していない。天皇はそのような思いに駆られて、積極的に議論に加わったに違いない。

天平勝宝二年九月二十四日、遣唐使任命の人事が発表された。大使は従四位下藤原清河、副使は従五位下大伴古麻呂《こまろ》、判官は大伴御笠《みかさ》ほか四名、主典も四名であった。清河は藤原房前《ふささき》の第四子、職は参議である。その後に四等官以外の知乗船事・訳語など、雑色《ぞうしき》に当たる者らも任命され、うち一一三名が翌天平勝宝三年(七五一)二月に位を昇叙された。だが、この一行の陣容では経験不足と心配されたのか、十一月七日、筑前守に左遷されていた従四位上吉備真備が新たに遣唐副使に任命された。大使清河の任命時の位階は真備より低いから、真備の入唐《にっとう》留学《がく》の経験と学識が特別に考慮されたのであろう。

遣唐使の出発は四艘の遣唐船の建造や艤装に月日を要し、勝宝四年閏三月のことであった。一方、遣新羅使については勝宝四年の正月二十五日に、正七位下山口人麻呂《ひとまろ》が任命された。ここ十年ばかりは使節の往来も途絶し、日本と新羅の関係は冷え切ったままであった。遣新羅使がいつ出発したのかは不明である。しかし新羅側の反応は早かった。このことはのちに触れる。

新たな僧綱の任命

いよいよ大仏開眼へ向け具体的な準備にかからねばならない。まずは手薄になっていた僧綱《そうごう》の組織固めであった。天平勝宝三年四月二十二日、孝謙天皇の詔があって、新たに僧綱人事の発表があった。僧綱とは、僧による僧尼統制の最高機関で、僧正・僧都・律師からなり、治部省玄蕃寮の統属下に置かれた。このたびは菩提法師を僧正に、良弁法師を少僧都に、道璿《どうせん》法師と隆尊《りゅうそん》法師を律師に任命するというものである。

菩提僊那《ぼだいせんな》は南インド出身の僧ボーディセーナのこと。バラモンの出自ながら仏教徒となりインドで修行を積むうち、かつてパルティアの王子であった安世高や中央アジアの支婁迦讖《しるかしん》らが中国に行って仏典を漢訳し、仏法を広めたことに感激、みずからもヒンドゥークシュ山脈を越え、中央アジアを経て中国に来ていた。そこへ天平五年(七三三)四月に日本を出発した遣唐使一行とめぐり合い、大使多治比真人広成《たじひのまひとひろなり》・留学僧理鏡《りきょう》らから伝戒師僧としての招請を受けて承諾。のち弟子の修栄《しゅうえい》が作成した『南天竺婆羅門僧正碑文《みなみてんじくばらもんそうじょうひぶん》』によると、菩提はよく『華厳経』を読誦して心の要としたという。翌年の大仏開眼会で開眼師を務めることになる。

道璿は現在の河南省許昌市出身。出家後はもっぱら『華厳経』浄行品《じょうぎょうぼん》に説くままに日々の浄行に努め、洛陽の大福先寺に住んだが、遣唐使に従って入唐した栄叡《ようえい》と普照《ふしょう》に出会い、その懇請を受け入れたのであった。翌年の大仏開眼会で呪願師《しゅがんし》を務めることになる。

菩提僊那と道璿は、今のベトナムから中国に来ていた林邑《りんゆう》僧仏哲《ぶってつ》とともに天平八年(七三六)八月に来朝し、菩提は大安寺の中院に、道璿は同じく西唐院《さいとういん》に止住した。このとき菩提三十三歳、道璿三十五歳。天平勝宝三年ではすでに在日十五年に及んでいた。

良弁は義淵《ぎえん》の弟子で、東大寺の前身である金鍾山房に入り、天平十二年には大安寺の審祥《しんじょう》を招いて『華厳経』講説を催し、翌年に国分寺建立の勅が出て金鍾寺が大倭国金光明寺となると、その中心的存在となって活躍、この頃すでに大徳の尊号で呼ばれていた。さらに天平十七年の平城還都後、金光明寺が盧舎那仏造立再開地となって、大仏の造立と東大寺の造営に深く係わった。このことが評価されてか、律師を経ることなく少僧都に抜擢された。聖武天皇の指示によることは明らかである。

隆尊は元興寺の僧で、『延暦僧録』はその伝を載せる。隆尊は「奥深い仏法の奥義を窮めようとすれば、まず戒律を修めないといけないが、日本にはしかるべき戒師がいないし、仏法を広めようにも優秀な同輩も先達もいない。経典も注釈書も不足し、まるで闇夜に灯明がないようなものだ」と、仏教界の現状に慨嘆することしきりだった。それでも隆尊は自分より先に他人を得度者として推薦するような人であり、戒律が大いに行われることを望みながらも、平生は『華厳経』の勉学に励み、その講義はまるで春の花の咲くがごとく聴く人を魅了して、遠近の僧侶が引きも切らず聴講に訪れるほどだった。

よほど魅力的な学僧だったらしく、その評判が華厳思想に傾倒している聖武天皇に伝えられ、このたびの律師登用となったのであろう。翌年の大仏開眼会で華厳経講讃の講師を務めることになる。これらいずれの人も『華厳経』にゆかりの僧たちであった。

開眼師らに招請の勅書

天平勝宝三年六月には大仏の螺髪が出来上がり、年内には大仏殿もほぼ完成した。明けて四年三月十四日には盧舎那仏の鍍金も始まった。それからわずか一週間後、三月二十一日付で聖武太上天皇からの勅書が高位の使者によって、大仏開眼会の主役を務める僧侶たちのもとに届けられた。その内容が『東大寺要録』に採録されている。

第一は菩提僧正を開眼師に招請するもので、文面は一行目に「皇帝敬請」、二行目に「菩提僧正」とあって、書き下せば「皇帝、敬って菩提僧正に請う」となる。三行目以下がその内容で、「四月八日を以て、東大寺に設斎《せっさい》して盧舎那仏を供養し、敬って無辺の眼を開かんと欲す。朕、身は疲弱にして起居に便りあらず。其れ朕に代って筆を執るべきは和上一人のみ。仍《よ》りて開眼師を請う。乞うらくは摂受《しょうじゅ》を辞する勿《なか》れ。敬って白《もう》す」とある。

勅書冒頭の「皇帝」は一般的には今上天皇、つまり孝謙天皇を指す。ところが勅書の内容からすれば、明らかに聖武太上天皇によるものである。大仏開眼会について『続日本紀』は「天皇、親《みずか》ら文武の百官を率ゐて、設斎大会《せっさいだいえ》したまふ。その儀、一《もは》ら元日に同じ」と記し、聖武太上天皇・光明皇太后の臨席には触れない。

勅書の四月八日という日付について、実際の開眼会は四月九日に行われているから、当初は釈迦誕生日に催す予定だったのであろう。準備の都合上、一日ずれたかと考えられる。

この勅書で興味深いのは、招請の理由が病弱による代行とされていることで、そうとすれば、聖武太上天皇は願主としてみずから筆を執って開眼するつもりだったことになる。これはのち、鎌倉時代の大仏開眼供養に後白河法皇がみずから仏前の足場に登り、天平筆をもって開眼したことで実現された。

第二の勅書は、隆尊律師を華厳経講讃の講師に招請するもので、「皇帝敬請　隆尊律師」と始まり、「四月八日を以て、東大寺に設斎し、花厳経を講ぜんと欲す。其の理甚だ深く、彼旨究め難し。大徳の博聞多識によらずして、誰か能く〔大〕方広〔仏花厳経〕の妙門を開示せん。乞うらくは摂受を辞する勿れ。敬って白す」とある。

同様にして道璿律師を呪願師に、景静《けいじょう》禅師を都講《とこう》に請じる勅書も出された。景静は行基の弟子である。今は亡き行基を偲んでの役配であろう。なお勅書が届けられたはずだが、華厳経講讃の読師には延福《えんぷく》法師が招かれた。延福は金鍾山房時代からの東大寺の僧侶であった。

開眼師らの招請に合わせて、諸寺それぞれの僧侶たちにも開眼会への出仕が要請された。各寺では名簿の作成に追われたことであろう。

二　大仏開眼会の盛儀

開眼供養会への準備

聖武太上天皇と光明皇太后とは早くも四月四日に平城京を発って東大寺に行幸した。それほど隔たった距離でもないのに五日もまえに来寺したのは、開眼会の準備がどこまで進んだか、みずから現場で確かめようとしたからであろう。太上天皇と皇太后の意気込みが感じられる。

七日は貴族の諸家から仏前への種々の造花の献納があった。大仏殿の堂内は種々の造花、美《み》妙《みょう》の繡幡《しゅうばん》で荘厳され、堂上には種々の花が撒かれ、東西には繡灌頂《ぬいのかんじょう》が、八方には五色《ごしき》の灌頂が懸かっていたという。「美妙の繡幡」とは華麗に刺繡された幡《のぼり》のことであり、東西、つまり大仏の左右には刺繡を施した天蓋つきの灌頂幡が吊り下げられ、さらにそのぐるり八方には五色の灌頂幡がはためき、まさに大仏殿内は絢爛豪華な装いとなった。正倉院には大仏開眼会に用いられたさまざまな宝物が収納されており、これら荘厳具に当たるものも多く見られる。

正倉院文書によれば、八日には太上天皇や皇太后が臨席して仏生会《ぶっしょうえ》が行われた。文書は東大寺より写経司に宛て『浴像功徳経《よくぞうくどくきょう》』一巻の借用を申請したもので、理由は明日(八日)この経典を奉説するためで、四月七日の日付が記されている。仏像を妙なるお香などの入った香水《こうずい》で洗えば、それが功徳になると経典は説いていた。東大寺が所蔵する国宝の誕生釈迦仏立像《りゅうぞう》がそのときの本尊だったと考えられる。九日の開眼会当日、孝謙天皇も文武百官を率いて東大寺に行幸、聖武太上天皇・光明皇太后と合流した。

誕生釈迦仏立像(東大寺)

開眼法会次第

いよいよ開式である。開眼の作法は、むろん殿内の大仏に施すのであるが、開眼会の儀式そのものは主に大仏殿の前庭で行われる。その中央には舞台が設けられていて、あらかじめ式次第が定められ、それに従って儀式が進行した。当時はまだ廻廊は建てられていなかったが、それでも仮設の囲みはあったようで、東西と南には門も設けられていた。儀式はもっぱら元日に大極殿で行われる朝賀の儀に準じた。文武百官の五位以上の貴族は礼服を着し、六位以下は位階に相応する朝服を着て前庭左右に居並んだ。

聖武・孝謙・光明の三人が「東大堂布板殿《ひがしだいどうふばんでん》」、つまり大仏宝前やや東よりに仮設で建てられた布張りと板敷きの幄舎《あくしゃ》にそろって着座した。正倉院には布板殿に敷いたと思われる「大仏殿上敷紅赤布《うわしきべにあかぬの》」という宝物があり、開眼会の日付が墨書されている。幅六七センチ、長さ一二メートル五五センチという長い帯状の紅色の麻布。もとは鮮やかな紅色だったようである。

まず、すでに招請されていた師位・業了《ごうりょう》・半位・複位ら高位の式僧が、玄蕃頭《げんばのかみ》の外従五位下秦首麻呂《はたのおびとまろ》と右中弁の従五位上県犬養古麻呂《あがたいぬかいのこまろ》の引導によって南門から入り、左右に分かれてそれぞれ所定の位置にすわった。その数一〇二〇人。

次いで輿に乗り白い天蓋を捧げられた開眼師の菩提僧正が、左兵衛率《さひょうえのかみ》の正五位下賀茂角足《かものつのたり》と右中弁の従五位上阿倍嶋麻呂《あべのしままろ》の引導によって東門から、やはり輿に乗り白い天蓋を捧げられた講師の隆尊律師が、参議の従四位上橘奈良麻呂と従四位上大伴古慈斐《こしび》の引導によって西門から、同じく輿に乗った読師の延福法師が、参議の従四位下藤原八束《やつか》と従四位下石川麻呂の引導によって東門から入り、堂前の幄舎に着座した。

また呪願師の唐僧道璿律師、都《と》講師《こうじ》の景静禅師、維那《いな》師らも所定の座にすわった。開眼師ほか重役僧六人を加えて複位以上の式衆は一〇二六人。それにしてもなんと高位高官による引導であろう。いずれも歴史に名を残した貴族たちである。輿に乗る僧侶たちにとっては一世一代の晴れ舞台であった。

「開眼」と声が上がると、開眼師が仏前に進み、介添の仏師と共に吊り籠に乗り轆轤《ろくろ》で引き上げられ、筆を執って眼に点じた。筆の一端には縹色《はなだいろ》の縷《る》が結わえられていた。参集人はその縷に手を添え、ともに結縁《けちえん》できた喜びに浸った。正倉院に残る「開眼縷《かいげんる》一条」の長さは二〇〇メートル弱と推定されている。開眼作法が終わると華厳経講《こう》讃法要《さんほうよう》に移る。大仏殿前庭左右には高座が設けられてあって、講師の隆尊律師と読師の延福法師が左右に分かれて高座に登った。向かって左が講師、右が読師の座である。

治承の兵火罹災以前の大仏を描く信貴山縁起絵巻（朝護孫子寺）

　すると待ちかねたように、衆僧沙弥らが、左は玄蕃助《すけ》の県犬養吉男《よしお》の引導によって、右は玄蕃允《じょう》の榎《えの》井馬養《いのうまかい》の引導によって南門から参入し、東西に分かれて北の幄舎にすわった。その数九七九九人。その後、大安・薬師・元興・興福の四寺から種々の奇異物が献納された。

次いで楽人《がくにん》の入場である。南門の柱東より、種々楽の音も高らかに響かせて参入した。現在でもある程度の規模を備えた法会では、経典講説であっても雅楽が奏され、声明《しょうみょう》が唱えられる。合図があってまず式衆のうちの唄師《ばいし》十人が舞台を経て大仏殿内に入り、唄という声明を同音に長く唱えて参集者の心を鎮めた。次いで定者《じょうしゃ》僧二十人が仏前に至り香炉を執る。行香《ぎょうこう》といって式僧各人に焼香を願うためである。

準備を終えると、散華師《さんげし》十人が、きらびやかな法服を纏《まと》った皆衲衆《かいのうしゅう》三四〇人、盧甲衆《ろこうしゅう》二四〇人を率いて舞台に登り、散華を同音に発声、行道しながら紙製の花弁を散らし、道場を浄めた。このときの散華用の華籠《けこ》が正倉院に伝存する。次に二〇〇僧が梵音《ぼんのん》を唱えて三宝を供養し、さらに二〇〇僧が錫杖文《しゃくじょうもん》を唱えて節目に錫杖を振って音を響かせた。雅楽が伴奏する。これら四つの声明は四箇《しか》法要と呼ばれる。現在では少人数で唱えるが、当時は大勢が唱え、声高らかな声明は貴顕相集う大仏殿内や前庭に響き渡ったことだろう。

終わって華厳経講讃が講読師によって始まった。呪願師は呪願文を読む。どれほどの時間を掛けたのであろうか。

内外の歌舞音楽を奏する

華厳経講讃が終わると、供養会はいよいよ佳境に入る。いわば法会の第二部である。現在ではこれを慶讃《けいさん》行事と位置づけている。『続日本紀』は記す。「既にして雅楽寮と諸寺との種々の音楽、並《ならび》に咸《ことごと》く来り集る。復《また》、王臣《おうしん》諸氏の五節《ごせち》・久米儛《くめまい》・楯伏《たてふし》・蹋歌《とうか》・袍袴《ほうこ》等の歌儛《かぶ》有り。東西より声を発し、庭を分けて奏《つかえまつ》る。作《な》すことの奇《くす》しく偉《とうと》きこと、勝《あ》げて記すべからず。仏法東に帰《いた》りてより、斎会《さいえ》の儀、嘗《かつ》て此《かく》の如く盛《さかり》なるは有らず」と。

雅楽寮と寺院に所属する楽人によって種々の音楽が奏されただけでなく、皇族や貴族たちがたしなみとして日ごろ練習してきた舞踏を披露したことがわかる。ここは倭舞《やまとまい》しか紹介しないが、雑楽と呼ばれる外来の楽舞も演奏された。それも東西左右に分かれ、楽舞ごとに演技を競ったようである。

『要録』は勅命によって任命された各楽舞の楽頭のリストを載せる。大歌《おおうた》と久米儛《くめまい》は従五位下大伴伯麻呂《おじまろ》と従五位上佐伯全成《またなり》、楯伏儛《たてふしまい》は外従五位上文黒麻呂《ふみのくろまろ》と従五位下土師牛勝《はじのうしかつ》といった具合である。なんと左大臣橘諸兄までもが十五人を率いて鼓を撃つよう任命されている。伎楽《ぎがく》頭《とう》は治部卿従四位上船王《ふなおう》と内匠頭従四位上大市王《おおち》、それに雅楽助正六位上林久万《くま》と治部少丞正六位上阿倍乙加志《おとかし》の四名である。伎楽は四部隊編成で、それぞれが楽頭を務めた。

いよいよ雅楽寮の鼓撃《こげき》六十人と大安・元興・薬師・興福の四寺の楽人が度羅楽《とらがく》を奏し、行道

伎楽面２面(東大寺)

しながら二反《にへん》廻って、左右に分かれて堂前に立った。左大臣以下十六人も鼓を撃ちおわって着座した。度羅楽とは刀・楯・桙《ほこ》などを使った、中央アジアに由来する楽舞と推定されている。この間、四伎楽隊による行道演舞があった。このときの伎楽面は東大寺や正倉院に多く現存する。

　演舞は次第をもって奏された。倭歌舞は略すとして、外来の雑楽は女漢躍歌《にょかんやくか》、唐古楽《とうこがく》、唐散楽《とうさんがく》、唐中楽《とうちゅうがく》、唐女儛《とうにょまい》、林邑楽《りんゆうがく》、高麗楽《こまがく》、高麗女楽《こまにょがく》などであった。女漢躍歌は踏歌《とうか》の一種で、「あらればしり」ともいい、足を踏みならし調子をとりながら歌をうたう宮廷芸能。元来は渡来系の人たちによって始められ、奈良時代には女性中心の華やかな踊りとして盛んになった。「天平」「大平」とそれぞれ書いたのぼりを立て、六十人ずつ二列で足踏みしながら踊ったのであろう。開眼会にふさわしい喜びの表現であった。貴顕も衆僧沙弥も、次から次へと繰り出す舞や踊りに酔ったかのように、心も軽く喜びにあふれ、盧舎那大仏の功徳に感謝するのであった。気が付けばはや日は傾き、夕刻となっていた。太上天皇と皇太后は平城宮へ還御し、東宮に入った。一方、孝謙天皇は大納言藤原仲麻呂の田村の邸宅に入り、御在所とした。

大蔵省から出仕僧らに布施

開眼会から幾日か後、出仕僧らに使者が派遣され、大蔵省からの布施が支給された。講師の隆尊には治部少輔従五位下下毛野稲麻呂《しもつけぬのいなまろ》が出向、絁《あしぎぬ》三〇〇疋、綿三〇〇屯、布三〇〇端を施した。絁は太めの糸で織った絹布。綿は真綿のこと。布は麻布。いずれも税目の庸や調として国家に納められたもの。開眼師菩提には治部少丞正六位上高向家主《たかむこのやかぬし》が出向、絁十疋、綿十屯、布十端を施した。読師ならびに呪願師の施物は開眼師と同じだった。使者は治部少丞正六位上阿倍乙加志。

都講師・維那師ならびに法要出仕者のうちの梵音衆と錫杖衆の各二〇〇人は各々絁二疋、綿二屯、布二端。唄師と散華師各十人、定者二十人、皆衲衆三四〇人、盧甲衆二四〇人の計六二〇人は絁一疋。参観のみの衆僧沙弥尼ら九七九九人には、各々綿一屯が施された。いずれも大蔵省からの出費である。

この布施支配で注目されるのは講師隆尊の華厳経講説という知的行為に対する高い評価額である。絁三〇〇疋、綿三〇〇屯、布三〇〇端は、聖武天皇が天平感宝元年閏五月二十日、譲位と出家を目指して東大寺ほか十二大寺に行ったときの施入額を思い起こさせる。天皇は絁・

綿・布・稲等を施したが、寺院によって額に差があった。絁でいえば東大寺ほかの五大寺は五○○疋、法隆寺は四○○疋、弘福寺・四天王寺は三○○疋、崇福寺・法華寺ほかの四寺は二○○疋といった具合である。個人に与えられる絁の三○○疋がいかに高額であったかがわかろう。

三　新羅はなぜ大使節団を派遣したか

新羅使入京

日本における盧舎那大仏開眼を新羅に伝える遣新羅使が出発してから幾日経ったであろうか。大仏開眼会直前の閏三月二十二日、大宰府から知らせが入った。「新羅の王子金泰廉《きんたいれん》、貢調使《こうちょうし》大使金暄《きんけん》、送王子使金弼言《きんひつげん》ら、七百余人が船七艘に分乗して来泊した」というのである。ここしばらくの新羅との緊迫した外交関係を考えると、新羅の王子が使節団を代表して来日するというのはきわめて異例のことである。しかも大人数であるだけでなく、王子とは別に「調《みつき》を貢《たてまつ》る」ことを鮮明にする貢調使としての大使も立てているという。事の重大さを認識した朝廷では、すぐさまこれを天智・天武・持統・元明・元正の各天皇陵に勅使を派遣して奉告した。

王子金泰廉ら一行は開眼会への列座はかなわなかったが、天平勝宝四年六月十四日、孝謙天皇に拝謁し、調を貢ることになった。律令制下の日本は新羅を朝貢国と位置づけていた。日本に従属する国だという認識である。そのような考えははるか古墳時代から存在するようだが、それが固定化したのには経緯があった。

律令制下の新羅の位置づけ

かつて新羅は唐軍の援助を得て、百済と高句麗を滅ぼしたが、それで安心が得られたわけではなかった。唐朝では倭国征伐のために船舶を修理していると言いながら、その実は新羅征討を計画しているとの唐の宮廷での情報を得ると、新羅は六七〇年以降、一転して唐に叛旗を翻した。文武王(在位六六一〜六八一)のときのことである。当然のことながら新羅はたびたび日本に使節を送り、友好関係の修復を朝貢という形で図った。

唐と新羅の関係が険悪なあいだは、新羅を蕃国とする日本の姿勢は可能だったかもしれない。日本も天武・持統朝のあいだ三十年余りも遣唐使を派遣することがなかった。ところが八世紀初頭、旧高句麗領に渤海が興り、唐と対立関係に入ると、唐は新羅との連携を強め、それに応じて渤海は日本に友好を求めるという、東アジア情勢の新たな変化が生まれた。これまでの力の均衡が崩れたのである。

新羅は渤海と日本の接近に危機感をいだき、たびたび唐に使節を派遣して臣従の誓いを立て、ついに七三五年(天平七)、玄宗皇帝から大同江以南の地を賜った。朝鮮半島全域ではないにしても、唐は初めて新羅の領有権を正式に認めたのである。勢い新羅は日本に対して対等の関係を求めることとなる。その結果、日羅関係はにわかに険悪となった。天平十五年(七四三)以来、新羅使の来日は途絶した。

ところがこのたびは日本側を満足させるような朝貢の形を取ってきた。景徳王(在位七四二〜七六五)はこれまで強硬姿勢を貫いてきたにもかかわらず、何ゆえにふたたび従属的な地位に甘んじようとしたのか。ここしばらくの双方の関係で変化があったことを探すとすれば、新羅側の華厳教学の国教化、聖武天皇による盧舎那大仏の造立と『華厳経』の欽定化以外にはない。政治と仏教が深く結びついていた当時の東アジア諸国にあっては、日本が採る華厳経重視の政策は看過することのできない事柄であった。

東アジアにおける華厳の隆盛

中国では五世紀初めに『華厳経』が漢訳されて以来、その思想が次第に広がり、教学も興った。龍門石窟の巨大な盧舎那仏像は、高宗の皇后であった則天武后が資金援助して造られたが、武后は六九〇年にみずから即位すると、華厳経の新たな翻訳に積極的に関与し、序文まで寄せた。時代は華厳経を権威あるものと見なした。

このような中国での動きが朝鮮半島に影響しないはずはない。新羅では唐に留学して仏教を学ぶ僧侶が多かった。とくに義湘《ぎしょう》は六六二年から長安に近い終南山至相寺《しゅうなんざんしそうじ》の智儼《ちごん》のもとで、法蔵とともに華厳教学を学んだ。六七〇年に帰国して国王の篤い帰依を受け、浮石寺《ふせきじ》を開創、さらに全国に華厳十刹を建立して華厳思想の布教に努め、新羅華厳宗の始祖となった。

時あたかも日本では天武・持統期に当たり、日本と新羅との交流が盛んだった時代で、新羅の先進的な仏教学を学ぶために大勢の学問僧が派遣された。『日本書紀』や『続日本紀』に記載されている新羅学問僧は十五名に上るが、彼らは義湘や元暁《がんぎょう》、あるいはその弟子たちに接したに違いない。

大宝二年(七〇二)に遣唐使が再開されると、新羅に派遣される学問僧のことはなぜか正史で取り上げなくなるが、新羅で学ぶ僧侶は存在したであろう。天平十二年から三年間、金鍾寺で華厳経講説を行った審祥はその代表といえる。彼が持ち帰った蔵書ははなはだ多く、正倉院文書に散見されるものだけでも一七〇部六四五巻に及び、なかには中国の学僧ばかりでなく、義湘や元暁の著述も多く含まれていた。

このような日羅の学問的交流は、新羅の王室でもよく知るところだったであろう。政治のうえでの外交は険悪であっても、仏教交流については新羅の先進性に自信もあって、日本の天皇による巨大な盧舎那仏の造像を好意的に理解し、『華厳経』の説く教説が政治のうえでも生かされていると期待したのかもしれない。目下のところこれ以外には、景徳王が対等的立場の主張を留保し、従前通りの朝貢の姿勢を王子泰廉に指令した理由を見出すことができない。むろんこうした配慮は日本側の知るところではなく、ただ新羅王子の言葉を待った。

新羅王子金泰廉の奏上

大極殿内に日本側の高位高官が居並ぶなか、新羅王子金泰廉は孝謙天皇に拝謁し、調を貢って景徳王の言葉を奏上した。

新羅国は日本の遠き皇祖の代から、絶えず船を連ねて日本の朝廷に仕えてきた。みずから朝貢する意思はあるが、国主の不在は国政紊乱の因になるので王子泰廉を遣わした、と。孝謙天皇がこれに応えて「王の至誠、朕まことに喜ばし。今より後も長く心に留められよ」と述べると、泰廉が重ねて奏上した。

「普天《ふてん》の下《もと》、王土に非ずということなく、率土《そっと》の浜《ひん》、王臣に非ずということなし。泰廉、幸いに聖世《せいせい》に逢《あ》い、来朝して供奉《つかえまつ》ること、歓慶《よろこび》にたえず。私みずから備えし新羅の産物を謹んで進上申し上げる。」

普天率土云々の句は『詩経』に由来し、王土王臣思想を象徴する言葉として日本でもよく知られていた。つまり普天の下も率土の浜も天皇の徳化が及ぶところという意味。聖世に逢うとは聖武天皇を意識してのことか。新羅王子がこれらを口にするというのは、新羅は天皇の普天の範囲内にあり、国王は天皇の臣であると認めていることになる。それで来朝して供奉すると奏上した。これが言質となってのちに問題になるが、孝謙天皇はこのように理解し、「泰廉が奏《もう》すこと聞《ゆる》す」と応えた。十年来の緊迫した関係を思うと、不思議なやり取りである。日本側は新羅の深意をよく理解せず、都合のいいように受け取った。

孝謙天皇よりの言葉

三日後、孝謙天皇は朝堂院で新羅使一行を饗応した。だが、天皇が使節一行に与えた言葉は雰囲気が違った。

新羅国が朝廷に仕えるのは神功皇后が新羅を平定して以来のことで、今に至るまで藩屏《はんぺい》となった。しかるに前王らは言行怠慢にして礼節を欠いたが、今の王は前の過ちを悔い、みずから来朝することを願った。

孝謙天皇は国王を実名で姓も付けずに呼んだ。新羅王を臣下扱いにしている証拠である。新羅側の態度を軟弱と見て、一気に日本への臣従を新羅国王に迫るものであった。国際情勢は時代とともに変化するものである。しかるに日本側は伝説に近い神功皇后の新羅征討のことまで持ち出し、入朝して貢物を奉るだけでなく、上表文の持参まで要求した。新羅側にとっては到底認められないものであった。日本の態度は高圧的と映り、新羅使たちの胸のうちは淡い期待を裏切られた思いであったろう。

ここで重要なのは、孝謙天皇にこのような言葉を言わしめた当時の日本の政権担当者たちのことである。彼らは、聖武天皇が意図した『華厳経』による理念をまったくと言ってよいほど理解していなかったといえる。譲位をした聖武天皇の限界と言わねばならないであろう。

新羅使一行は六月二十二日、まず大安寺を訪れて巨大な華厳七処九会図《けごんしちしょくえず》と盧舎那三尊画像を拝し、次いで東大寺に参詣、開眼を済ませたばかりの盧舎那大仏を礼拝した。

四　聖武太上天皇の晩年

鑑真和上ら来朝

大仏開眼から二年、天平勝宝六年(七五四)正月、鑑真が遣唐副使大伴古麻呂の船に乗って来朝したという知らせが届いた。待ちに待った鑑真の来朝である。これには遣唐使や招請の使命を帯びた栄叡や普照の涙ぐましい努力があった。また鑑真自身の強運もあった。

『要録』が所引する思託『大和上鑑真伝』の逸文によると、瀬戸内海を通って二月一日、難波津に着いた鑑真一行は、唐僧崇道《すうどう》と行基の弟子法義《ほうぎ》の出迎えを受け、河内国庁を経て、四日に平城京入りし、東大寺に落ち着いた。東大寺で一行を出迎えたのは少僧都の任にあった良弁であった。良弁は休む間も惜しむかのように、一行を大仏殿に案内し、大仏のまえで「これは聖武太上天皇が天下の人々を結縁して造らせられた金銅像で、高さが五十尺ありますが、唐にもこのような大像はございますか」と尋ねた。このとき通訳をしたのが遣唐使に加わって渡唐した藤原仲麻呂の六男、刷雄《よしお》で、鑑真のもとで出家して延慶《えんけい》と名乗っていた。鑑真は「ない」と答えて、自慢げに言うのも無理からぬかと、日本での仏法興隆を確かめたのであった。もっともこの話、刷雄と延慶を同一視するについては異説もある。

三月に入ると、遣唐副使だった吉備真備が鑑真のもとを訪れ、「自今以後、授戒と伝律は一《もは》ら大徳に任ず」との聖武太上天皇の綸言《りんげん》を伝えた。四月初めには大仏殿まえに臨時の戒壇が築かれ、鑑真による授戒作法が始まった。まず初めに壇に登ったのは太上天皇で、菩薩戒を授けられた。続いて皇太后、娘の孝謙天皇が登壇し、同じく菩薩戒を受けた。

次いで沙弥証修《しょうしゅう》ほか四四〇人余りが受戒した。すでに述べたように、沙弥とは十戒を受けた見習僧であるが、鑑真から具足戒を授けられ、これで正式の僧侶になった。五月になると、太上天皇が念願した戒壇院の造営が大仏殿の西で始まり、太上天皇が受戒した大仏殿の壇土が移された。戒壇院が完成すると、すでに名のある僧侶八十人ばかりが旧戒を捨て、改めて鑑真から具足戒を受けた。唐風好みの仲麻呂は鑑真を厚遇した。

鑑真来朝の熱気がやや収まった七月、聖武天皇生母の藤原宮子《みやこ》が亡くなり、盛大な葬儀が執り行われた。翌天平勝宝七歳(七五五)七月の一周忌斎会《さいえ》は東大寺で行われた。

左大臣橘諸兄、致仕する

聖武太上天皇は張りつめていた気力が急速に萎えるように感じたのか、この年の十月に入ると床に臥しがちとなった。そうした折の十一月、左大臣橘諸兄に仕える佐味宮守《さみのみやもり》が、酒席での太上天皇に対する諸兄の言動を、「いささか反に当たる」と密告した。注進は聖武太上天皇に伝えられたが、天皇は優容として取り上げず、諸兄を咎めることはなかった。

橘諸兄は翌天平勝宝八歳(七五六)に入ってこの密告の件を知り、二月二日、孝謙天皇に致仕を願い出た。天皇は諸兄の辞任を認めた。藤原四兄弟が疫病で次々と政治の舞台から去ったあと、天平九年九月に大納言、同十年正月に右大臣、さらに同十五年五月に左大臣を拝命、二十年近く聖武太上天皇の側にあって、むつかしい政治の舵取りを補佐してきた。最後に口が災いして致仕しなければならないとは、悔やんでも悔やみきれないとの思いが残ったことであろう。ときに諸兄七十三歳。実は諸兄の致仕は、当時の政界の底流とつながりをもち、翌年に起こった息子橘奈良麻呂《ならまろ》の変の前兆だったのである。このことがあとでわかる。

聖武太上天皇崩御

聖武天皇の重体が伝えられた五月二日、左大弁大伴古麻呂らが伊勢大神宮に遣わされ、天下の諸国の当年の田租の免除措置がとられた。しかし効なく、その日の夜、聖武太上天皇は内裏の寝殿で崩御した。遺詔して新田部《にいたべ》親王の子、中務卿《なかつかさきょう》従四位上道祖王《ふなど》を皇太子とした。天武天皇の孫に当たる。太上天皇はむろん道祖王のその後の過酷な運命を知るべくもない。娘孝謙に譲位し、皇后宮職を昇格した紫微中台が創設されてから七年、病床に臥しがちのなかで、政界はみずからの意思とは異なった方向に突き進んでいった。

皇太后は満中陰《まんちゅういん》（七七日）に当たる六月二十一日、太上天皇の冥福を祈るために、天皇の遺愛の品をはじめ、宝物六百数十点を東大寺の盧舎那仏に奉献した。また同日、六十種に及ぶ薬物も奉献した。このような献納は五回に及んだが、献納にさいしては品目の名称・数量・寸法・材質・技法、ときには由緒まで詳細に記した目録が作成された。

とりわけ圧巻なのは東大寺献物帳の一つ「国家珍宝帳《こっかちんぽうちょう》」である。内容は皇太后の願文と目録とからなるが、願文は長大な品目のリストを挟むように巻首と巻末に分かれ、末尾にはこうある。先帝愛用の品々は目にするだけで昔のことが思い出され、泣き崩れてしまうので、謹んで盧舎那仏に奉献する。ついてはこの善因が先帝の冥福の助けとなり、早く十地《じゅうじ》の位に登られて三途《さんず》をわたり、しかる後に花蔵の宮に赴かれ、御幸を涅槃《ねはん》の岸に止められますように、と。

「花蔵の宮」とは蓮華蔵《れんげぞう》世界のことである。太上天皇が帰依した盧舎那仏の説く浄らかで広

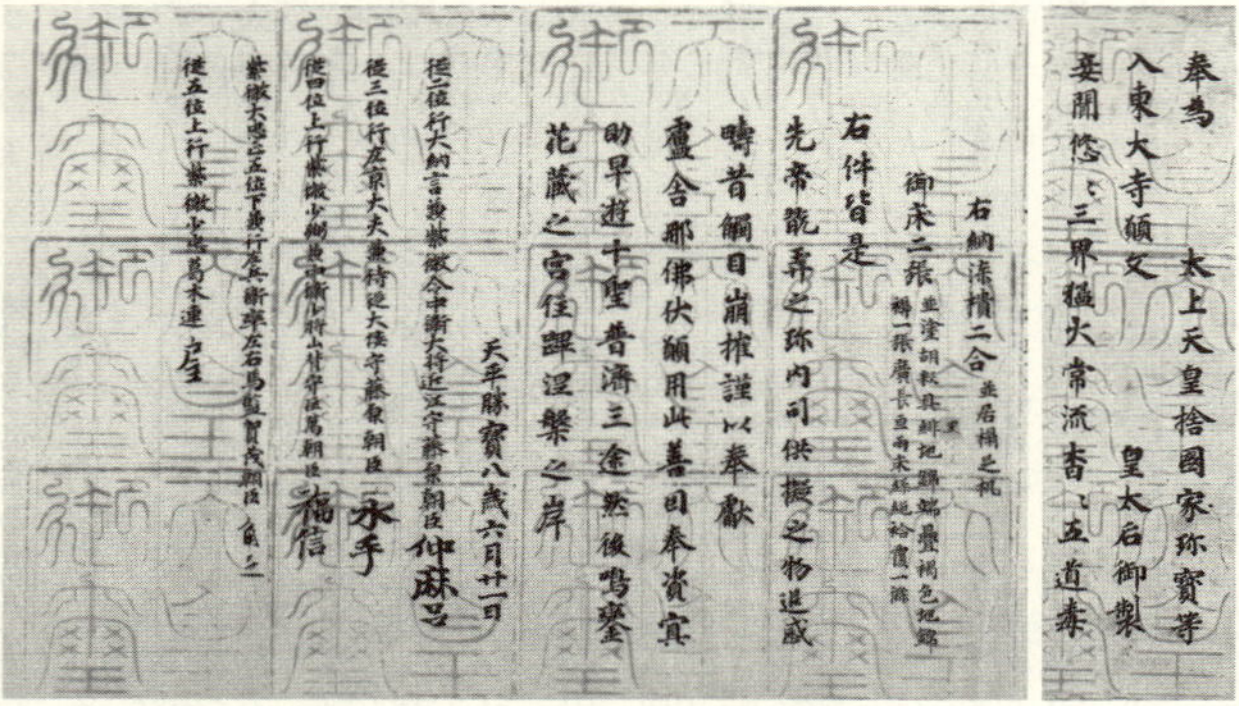

奉為
太上天皇捨國家珎寶等
入東大寺願文
皇太后御製
妾聞悠々三界猶火常流杳々五道
…
右納漆欌二合
御床二張
右件皆是
先帝翫弄之珎内司供擬之物追感
疇昔觸目崩摧謹以奉獻
盧舎那佛伏願用此善因奉資冥
助早遊十聖普濟三途然後鳴鑾
花蔵之宮住涅槃之岸
天平勝寶八歳六月廿一日
従二位行大納言兼紫微令中衛大将近江守藤原朝臣仲麻呂
従三位行左京大夫兼侍従大倭守藤原朝臣永手
従四位上行紫微少弼兼中衛少将山背守巨萬朝臣福信
紫微大忠正五位下兼行左兵衛率左右馬監賀茂朝臣角足
従五位上行紫微少忠葛木連戸主

国家珍宝帳　巻首・巻末(正倉院)

大な宇宙である。皇太后の願文を繰り返し読み、目録をわからないなりにも一つひとつ当たっていくと、皇太后の切々とした思いが伝わってくる。ところが願文に続いて連署した官人の名前や肩書に目をやると、そうした想念は途端に断ち切られ、当時の現実の政治世界に引き戻される。

連署の筆頭は大納言兼紫微令の藤原仲麻呂、次席は左京大夫兼侍従の藤原永手《ながて》、次いで紫微少弼《しょうひつ》兼中衛少将の巨万《こま》(高麗)福信《ふくしん》、紫微大忠兼左兵衛率の賀茂角足、紫微少忠の葛木戸主《かずらきのへぬし》となっている。侍従の藤原永手以外はすべて紫微中台の官人である。

この連署部分を含めて、献物帳の全面には「天皇御璽」の朱方印が縦に三段、計四八九顆も捺《か》されている。ただ天皇といえば孝謙天皇のはずであるが、実はこの当時、皇権のシンボルである天皇御璽印と駅鈴《えきれい》は皇太后宮に置かれていた。むろん侍従の藤原永手が署名しているから、御璽の捺印については孝謙天皇の了解は得ているであろう。しかし政治の実権は天皇を補佐して国政を統括すべき太政官にはなく、紫微中台が掌握していた。つまり国家珍宝帳は光明皇太后を後ろ楯として権勢を振るう藤原仲麻呂の姿をまざまざと浮かび上がらせるのである。

第五章　政争のはざまで

一　権謀術数をめぐらす仲麻呂

道祖王を廃し、大炊王を皇太子に

覚悟をしていたとはいえ、良弁以下東大寺当局者にとって聖武太上天皇崩御の衝撃は大きかった。大仏殿のぐるりを囲む歩廊(廻廊)すらまだできていない。孝謙天皇は造営を推進してくれるのか。天皇の背後にある大納言の藤原仲麻呂はどのような態度に出るのか。政局の推移をじっと見守るしかない。崩御の翌月、孝謙天皇から勅が下った。来年五月二日の東大寺での一周忌に間に合わせるように、大仏殿歩廊の造営を鋭意怠るなかれ、と。一同はひとまず胸を撫で下ろした。

明けて天平勝宝九歳(七五七)正月六日、前左大臣橘諸兄が死去した。享年七十四歳。先の密告が心身に応えたからであろう。三月になると、天皇の寝殿天井の塵除けの布に「天下大平」の瑞字が現れたと孝謙天皇は親王や群臣に見せた。不気味な前兆である。果たせるかな、聖武太上天皇が遺詔で立太子させた道祖王《ふなど》が「服喪中から侍童に通じ、機密のことを民間に漏らし、婦言を用いて教勅を聞かず、素行が修まらない」のを理由に、孝謙天皇は群臣を召集して廃太子の可否を問うた。右大臣藤原豊成以下は「敢えて遺詔の主旨に乖《そむ》き違わず」と答えるほかなく、哀れ道祖王は皇太子を廃されてしまった。「天下大平」の瑞字といい廃太子といい、孝謙天皇が表に立っての意思となっているが、黒幕は藤原仲麻呂である。

数日後、孝謙天皇は改めて群臣を召集し、いずれの王を皇嗣とすべきか諮問した。ところが、筋書きはすでに天皇と仲麻呂とのあいだで出来上がっていた。舎人《とねり》親王の子、大炊《おおい》王はまだ若いが、悪い評判は聞かないからどうかと、孝謙天皇が問うと、右大臣豊成以下は「ただ勅命、是れ聴かん」と答えるのみで、誰も反対できなかった。

実は大炊王はすでに仲麻呂が自邸の田村第に迎え、亡くなった息子真従《まより》の元妻粟田諸姉《あわたのもろあね》をその妻として娶らせていた。仲麻呂は諸姉を介して大炊王と擬制の親子関係を結び、そののちに大炊王を天皇に擁立することによって、天皇の身内の地位を得ようとしたのである。このことは大炊王の即位が実現したときに明らかとなる。

五月二日、聖武太上天皇の一周忌が東大寺で僧千五百余人を招請して厳修《ごんしゅ》された。その月の二十日、仲麻呂はみずからが新たに設けた紫微内相《ないしょう》の地位に就き、内外諸兵事をも掌ることになった。こうして仲麻呂が専横を極めようともくろめば、当然これに反発する者も出てくる。用意周到な仲麻呂はその点も抜かりなく手を打っていた。

橘奈良麻呂の変

政界の底流にうごめく不穏な空気は、人をして多様な動きに走らせる。六月に入って右大弁巨勢堺麻呂《こせのさかいまろ》の密奏があり、仲麻呂は九日、戒厳令に当たる五か条の禁勅を出した。同月十六日の人事異動では、橘奈良麻呂を兵部卿から右大弁に貶《おとし》めて、仲麻呂派の紫微大弼石川年足をその後任とし、左大弁大伴古麻呂を陸奥按察使《あぜち》兼陸奥鎮守将軍に任じて中央から追放、また紫微大忠兼左兵衛率の要職にあった賀茂角足は遠江守に左遷された。

そうしたさなか、長屋王の遺児で母が藤原不比等の娘であったために死を免れた安宿《あすかべ》王・黄文《きぶみ》王・山背《やましろ》王の兄弟は、かねてから奈良麻呂の謀議に誘われていたが、圧倒的な仲麻呂優位の現実のまえに弟の山背王が脱落、六月二十八日に「橘奈良麻呂が兵器を準備して田村宮を包囲しようと謀っており、大伴古麻呂もその計画を知っている」と密告した。

事態を憂慮した孝謙天皇は詔し、叛逆の噂を耳にするが家名を重んずるようにと、さらに光明皇太后も、藤原も橘もみな自分の甥に当たる、聖武先帝も自分によく仕えるように仰せられたではないかと戒めた。しかし仲麻呂の横暴に耐えかねている者たちにとっては、もはやむなしい言葉と聞こえたであろう。両派の対決は皇太后の予想をはるかに超えた事態にまで突き進んでいたのである。

七月二日の夕刻、新たな密告が仲麻呂のもとに寄せられ、奈良麻呂らの計画のほぼ全容が判明した。仲麻呂は即座に行動を開始し、前備前守小野東人《おののあずまひと》ら二人を逮捕して左衛士府に監禁、また廃太子道祖王の右京の自宅を包囲した。翌三日、右大臣豊成、中納言永手らをして小野東人を訊問させる一方、仲麻呂は塩焼《しおやき》王・安宿王・黄文王・橘奈良麻呂・大伴古麻呂を皇太后の御在所に呼び出し、皇太后の再度の戒告を読み上げた。

翌四日、小野東人は厳しい拷問に耐えかね、ついに計画の内容と共謀者の名前を自白した。それに基づいて安宿王・黄文王・橘奈良麻呂ら関係者が次々と逮捕され、厳しい訊問を受けた。小野東人による叛乱計画の概要はこうであった。安宿王・黄文王・橘奈良麻呂・大伴古麻呂・多治比犢養《こうしかい》・大伴池主《いけぬし》ら首謀者は、六月中に三度謀議を凝らし、七月二日夜に挙兵、仲麻呂の田村第を包囲して仲麻呂を殺害、その中の大殿にある皇太子大炊王に廃太子を迫り、光明皇太后宮に踏み込んで皇権のシンボル天皇御璽印と駅鈴を奪取、次いで右大臣豊成を呼び号令を発して孝謙天皇を廃し、安宿王・黄文王・塩焼王・道祖王のうちの誰かを即位させるというものであった。

事変の処断はすさまじかった。黄文王・大伴古麻呂・多治比犢養・小野東人・賀茂角足は杖打たれ拷問で死亡、安宿王は佐渡に配流。天平十七年(七四五)以来奈良麻呂から謀議に誘われていた佐伯全成《またなり》は、任地の陸奥で勘問を受け自殺、その他多数が処罰を受けた。ところが首謀者奈良麻呂は獄中死に違いないが、『続日本紀』にはなぜか処分が見えないのである。どうやらのちになって、その記録が抹消されたらしい。実は後世、嵯峨天皇（在位八〇九～八二三）の皇后橘嘉智子《かちこ》は奈良麻呂の孫娘であり、二人のあいだの皇子であった仁明《にんみょう》天皇（在位八三三～八五〇）が即位するに及んで抹消されたのではと考えられている。

大炊王の即位

こうして橘奈良麻呂らによって企てられたクーデター計画は瓦解し、仲麻呂の完全な独裁政権が樹立した。仲麻呂は兄豊成にすら容赦しなかった。息子が奈良麻呂派に加わった嫌疑を理由に、大宰員外帥《だざいのいんがいのそち》に左遷した。豊成はさすがに任地には行かなかった。

年号は天平宝字《ほうじ》と改まった。翌二年（七五八）七月四日、孝謙天皇は皇太后の病気平癒を願い、殺生禁断の勅を出した。次々と繰り出す仲麻呂の異色な施策に、皇太后は心身ともに疲れ果てたのであろうか。病床に臥し、旬日を経ても起き上がれそうになかった。仲麻呂は考えた。機は熟せりと。

八月一日、孝謙天皇は譲位し、皇太子大炊王が即位した。『続日本紀』には「廃帝」とある。この皇太子にも過酷な運命が待っていた。「淳仁《じゅんにん》天皇」とは明治三年に追贈された名である。

百官と僧綱は孝謙天皇に宝字称徳孝謙皇帝、光明皇太后に天平応真仁正皇太后の尊号を奉った。中国風の尊号は初めてである。仲麻呂自身は右大臣に当たる大保《たいほ》に就任、太政官の筆頭となった。大保とは唐王朝の役職名である。同時に恵美押勝《えみのおしかつ》の姓名を賜り、みずからを藤原恵美朝臣《あそん》押勝と名乗った。藤原氏のなかでも抜きん出て天皇との関係が深い、より貴種の特別な家柄であることを誇示したのである。今や仲麻呂はこれまで以上に自分の思うまま政治を行った。それも巧みであった。

仲麻呂は朕が父

天平宝字三年(七五九)六月、淳仁天皇は主典以上の官人の幹部を内安殿に召集し、詔して淳仁天皇の父舎人親王への追号と、母を大夫人、兄弟姉妹を親王と称すると告知した。詔の前段には、ようやく皇位にも慣れて天皇らしくなったからとして、追号等のことは皇太后の再三の勧めであり、孝謙太上天皇にも断ってあるとあった。そこで冠位の昇進が行われるが、天皇はとくに仲麻呂について「朕が父」と呼び、その子らを兄弟のように考えているとまで触れた。

この詔で重要なのは光明皇太后の言葉で、大炊王を「吾が子」として皇太子に定め、即位後は日を重ねて天皇らしくなったと述べたという。このように天皇として認知されたとは、皇太后の手にあった天皇御璽印と駅鈴を淳仁天皇に引き渡したことを示唆する。どうやら光明皇太后は娘孝謙をあくまで未熟として信用せず、仲麻呂による藤原氏の政権を優先させたのである。御璽印を一度も手にすることのなかった孝謙太上天皇の胸中は複雑だったろう。

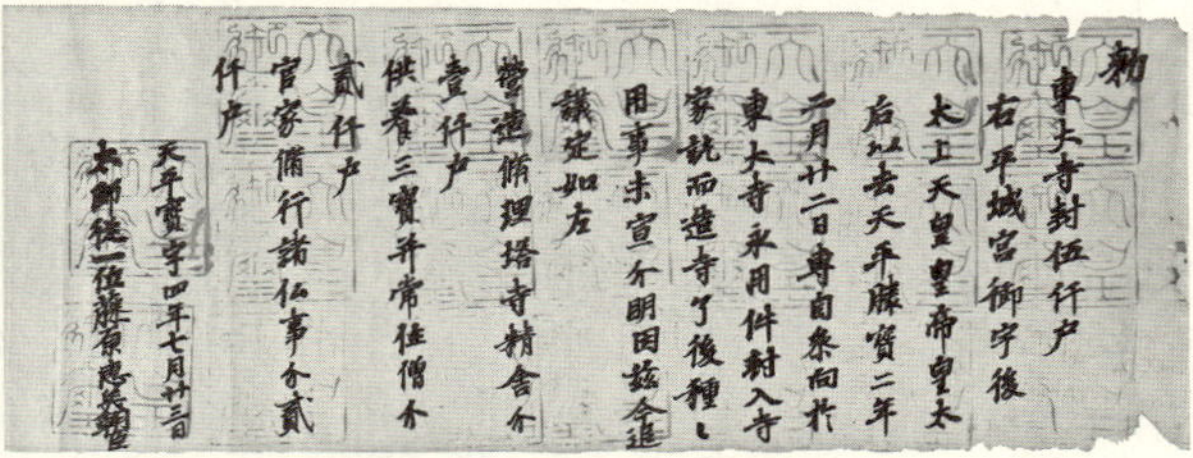
勅
東大寺封伍仟戸
右平城宮御宇後
太上天皇皇帝皇太
后以去天平勝寶二年
二月廿二日專自參向於
東大寺永用件封入寺
家訖而造寺了後種々
用事未宣分明因玆今追
議定如左
營造修理塔寺精舎分
壹仟戸
供養三寶并常住僧分
貳仟戸
官家備行諸仏事分貳
仟戸
天平寶字四年七月廿三日
大師從一位藤原恵美朝臣

東大寺封戸処分勅書（正倉院）

天平宝字四年（七六〇）六月、光明皇太后が崩御した。この厳然たる事実は孝謙太上天皇の心にどのような影を落としたであろうか。太上天皇には直系皇統としての淳仁天皇への優越感と仲麻呂への不信感が芽生えたようである。

東大寺封戸処分勅書

光明皇太后が亡くなった翌月、仲麻呂は早速手を打った。七月二十三日、勅が下ったとして東大寺の封五〇〇〇戸の用途を定めたのである。この勅については原本が正倉院に現存しており、「東大寺封戸処分勅書」といわれている。東大寺に伝来していたが、明治八年に皇室に献納された。

この勅書の後半部分は、東大寺の造営が終わったあとの用途について明記がなかったので、いま追加の形で議定するとして、一〇〇〇戸は堂塔の造営修理分に、二〇〇〇戸は三宝ならびに常住僧の供養分に、二〇〇〇戸は官家、つまり天皇家が催行する種々の仏事分に、と区分を明記していた。問題になるのは最後の「官《かん》家修行諸仏事分《けしゅぎょうしょぶつじぶん》」である。これは官家功徳分封物《かんけくどくぶんふもつ》とも呼ばれ、政治的問題をはらんでいた。

勅書であるから全面に天皇御璽印が捺されているのは当然としても、異例なのは、文字のすべてを太師《たいし》（太政大臣）だった藤原仲麻呂自身が書き記していることである。そのうえこの処分勅書には他者の連署がない。東大寺封戸処分は仲麻呂が独断的に決定したことをうかがわせる。

天平勝宝二年の施入後の経緯では、天平勝宝四年十月に五〇〇〇戸のうち一〇〇〇戸が「寺家雑用料」、つまり僧供《そうぐ》として、造東大寺司から東大寺の寺務方である三綱に移管されたことがあった。これを伝える文書には、そのとき充当された諸国の郡・郷の戸数が詳細に記録されており、それらは天平十九年の一〇〇〇戸に充当された郡戸とほとんど重なっていない。したがって東大寺では、天平十九年分は堂塔修理料であり、これを除く残り四〇〇〇戸を供養三宝料として自由に処分できると理解していたふしがある。

『要録』は封戸処分勅書の記事に続き、「或書」の伝承を載せる。それによると、本願聖武天皇の五〇〇〇戸施入の趣旨は一〇〇〇戸を修理料に配し、四〇〇〇戸は供養三宝料とすることであった。しかるに仲麻呂はこの本願天皇の趣旨に背き、供養三宝料のうち二〇〇〇戸を減じて官家功徳分としてしまった。それで仲麻呂は誅殺されたのだという。東大寺にとっては四割の減収になるわけで、大きな不満が渦巻いたことになる。

では、処分の勅を下したのは誰か。それは在位年代からすれば淳仁天皇だとなる。通説でもそのように理解されている。ところが処分勅書の巻子の題簽《だいせん》には「高野《たかの》天皇之勅書」とあり、東大寺では伝統的に高野天皇、すなわち孝謙太上天皇の勅書だと理解していた。記録上それは平安時代後期にまで遡りうる。

官家功徳分封物の実際の利用例から、孝謙太上天皇の勅だったことを明らかにしたのは清田美季氏であった。そうだとすると、仲麻呂の狙いはどこにあったのか。浮かび上がるのは目前の七月二十六日に控えた光明皇太后の七七日《しちしちにち》の斎会の費用の捻出である。皇太后供養のためとあれば本来は節部省《せつぶ》(大蔵省)から支出すべきものである。その国費を節約して私的な財産である東大寺の封戸に肩代わりさせる、そのために聖武天皇以来の施主としての権利を引き継ぐ孝謙太上天皇に勅を下させる。光明皇太后のためといえば、太上天皇も拒否できないだろう、そのような読みが仲麻呂にはあったと考えられる。こうして官家功徳分二〇〇〇戸が設定された。これは東大寺にとって重大な決定であり、その影響は後世にまで及んだ。

孝謙太上天皇と淳仁天皇との不和

天平宝字六年(七六二)二月、仲麻呂はとうとう正一位を授けられた。仲麻呂は天平宝字三年十一月以来、父武智麻呂《むちまろ》時代から縁のある近江に保良宮《ほらのみや》を造営し、宝字五年十月にここを北京《ほっきょう》としていた。しかしこの宝字六年の五月、仲麻呂にとって予想外のことが起こった。孝謙太上天皇と淳仁天皇との不和がもとで、二人は平城宮に帰り、天皇は中宮院に、太上天皇は法華寺に入って、しかも太上天皇が出家してしまったのである。自分に対する淳仁天皇の態度がよほど腹に据えかねたのであろう。仲麻呂がそのような態度を取らせている、とも受け取ったか。太上天皇の怒りは収まらず、翌六月三日、五位以上の官人を朝堂院に召集し、宣命を下した。

その内容はさまざまな解釈を生む。素直に宣命の原文を読むと、前半は看病禅師《かんびょうぜんじ》道鏡とのあいだを男女関係のように邪推されたことへの悔しさが滲み出ている。かつて聖武天皇の看病禅師として功績のあった法栄《ほうよう》について、孝謙天皇は「人柄は清潔で持戒第一にしてよく看病した」と賞しており、道鏡に対しても同じように接してきたのであろう。それにもかかわらず、そのように疑って邪推されるくらいなら出家するというわけである。

問題は宣命の下文である。ただし出家はするが、太上天皇として保持する政治の大権は捨てることなく、むしろ天皇と二分して国家の大事は自分が担い、賞罰も行うと宣言したのである。賞罰を担当するとは、人事権の発動を自分が行うということである。聖武天皇はこの人事権をよく理解し、既存の概念に縛られることなく、これはという人物をみずからの責任において抜擢し、ときには降格した。今やその人事権は実質的には淳仁天皇にはなく、仲麻呂の手に握られていた。そのことは誰の目にも明らかであった。こうした点での自分の愚かさに孝謙太上天皇は気付いたということであろうか。

二　仲麻呂の排除

仲麻呂暗殺計画

身内や自派で固めた仲麻呂の太政官人事にもっとも激怒したのは、藤原宇合《うまかい》の次男藤原宿奈《すくな》麻呂《まろ》、のちの良継《よしつぐ》であった。天平十二年、兄広嗣の謀反に連座して伊豆に流され、天平十四年に免罪、天平十八年四月に従五位下に叙せられたが、それ以来昇進はほとんどなく、当時はまだ従五位上上野守だった。しかるに仲麻呂の息子、つまり甥たちは三人も参議に昇進した。甥の命令を聞かねばならないとは。憤懣やるかたなく、同じく仲麻呂に不満を懐く佐伯今毛人《いまえみし》・石上宅嗣《いそのかみのやかつぐ》・大伴家持らと謀り、仲麻呂暗殺計画を立てた。天平宝字七年(七六三)正月を過ぎた頃のことである。

ところが右大舎人弓削男広《ゆげのおひろ》が仲麻呂に密告して四人とも捕えられ、厳しい訊問を受けた。しかし宿奈麻呂は自分一人が謀ったことで、他人は与り知らぬことだと抗弁し、大不敬の罪で官位を剝奪された。また佐伯今毛人はこの正月九日に叙任されたばかりの造東大寺長官を罷免、石上宅嗣は文部大輔、大伴家持は信部大輔のそれぞれ現職を解かれ、謹慎の身となった。

この事件以外にも表沙汰になったものがあり、これらがその後の官界に何らかの動揺を与えたことは間違いなかろう。

慈訓の解任と道鏡の新任

この年の九月四日、興福寺別当だったとされる少僧都慈訓《じきん》のもとに内裏から使者が来て、「僧綱の任に堪えないので解任する」との詔が伝えられた。『続日本紀』は続ける。「僧徒の衆議により、道鏡法師を少僧都とす」と。詔が誰によるものか記されていないが、明らかに孝謙太上天皇が発したものである。

太上天皇が昨年の六月に国家の大事は自分が担うと宣言して以来、実際に賞罰に係わる人事が発動された形跡はほとんど見られなかった。依然として仲麻呂の鉄壁は固く、太上天皇は官人たちを自分の意思で動かすことはできなかった。官界ではないが、ここにわずかな突破口が開けたといえる。出家した身としてみずからは僧界の頂点に立っており、その統制機関である僧綱の人事を取り仕切る行為に、仲麻呂といえども容喙できない。太上天皇はそのように判断したのであろう。

道鏡は天平十九年には良弁大徳の使い走りをする沙弥に過ぎなかったが、その後、呪術力によって急速に力を付けたらしい。孝謙太上天皇が滞在していた保良宮のすぐ近くで、良弁が携わる石山寺《いしやまでら》の造営が進められていたころ、良弁の推挙を受けて保良宮の内道場《ないどうじょう》に出入し、看病禅師として孝謙太上天皇の病気の治療に当たったようである。

吉備真備、造東大寺長官となる

天平宝字八年(七六四)正月の人事で吉備真備が造東大寺長官に任じられた。有能な真備は仲麻呂の宿敵ともいうべき存在で、天平勝宝二年正月に筑前守に左遷され、翌三年十一月に遣唐副使に任じられたものの、帰国後の天平勝宝六年四月、大宰大弐《だざいのだいに》となり、以来ずっと中央から退けられていた。それなのになぜ帰京がかなったのか。このときの人事は、先ごろ仲麻呂暗殺計画に係わったとして現職を解任、謹慎中であった佐伯今毛人が大宰府の営城監《えいじょうげん》に、石上宅嗣が大宰少弐《しょうに》に、大伴家持が薩摩守にと、いずれも退けられているから、仲麻呂の意向が反映している。仲麻呂が真備を平城京に呼び戻すわけがない。

大宰大弐であった真備自身は、七十歳の年齢を理由に致仕を願い出る上表を提出していた。ところが、それが天皇に奏上されるより先に造東大寺長官を発令する太政官符が到達した。造東大寺長官の前任者は、長らく東大寺造営の責任者であった市原王で、佐伯今毛人の後任として前年の四月に発令されたばかりであった。

仲麻呂の抵抗を抑えて真備を補任できるのは孝謙太上天皇しかいない。真備は太上天皇の皇太子時代の天平十三年に東宮学士、十五年は兼ねて春宮大夫《とうぐうのだいぶ》となった。孝謙皇太子は真備を師として『礼記』や『漢書』の講義を受け、恩顧は篤かった。しかし真備は用心深かった。帰京しても病を理由に家に籠った。それでも誰かがひそかに訪れたに違いない。想像をたくましくすれば歴史の域を逸脱しかねないが、孝謙太上天皇が強力な参謀を得たことは確かである。

授刀衛が孝謙方に

時の勢いは運も味方に付けるものか。天平宝字八年六月九日に授刀衛《じゅとうえい》の長官(督)藤原御楯《みたて》が亡くなった。御楯は藤原房前の六男で、仲麻呂の娘婿であった。授刀衛とはのちの近衛府に当たり、太上天皇や天皇に近侍するいわば近衛軍団である。

御楯は天平宝字五年正月にその長官となり、大尉《たいじょう》の佐味伊与麻呂《さみのいよまろ》とともに仲麻呂の軍事基盤の一角をなしていた。その御楯が亡くなったのである。しかも佐味伊与麻呂は、孝謙太上天皇による国家大権の分離宣言に不安を感じた仲麻呂がその直後の八月に、左右京長官を務める息子の訓儒麻呂《くすまろ》らとともに中宮院に派遣し、淳仁天皇の勅旨を伝える役目に侍らせていた。

今や授刀衛の責任者は次官(佐)の百済足人《くだらのたるひと》であったが、天平宝字八年正月に着任したばかりで、最初は中立を保っていたらしい。残る幹部のうち少志弓削浄人《ゆげのきよひと》は道鏡の弟で、御楯が亡くなった直後の七月、弓削宿禰《すくね》の姓を賜った。道鏡が太上天皇を動かしたことは言うまでもない。その後、仲麻呂派で固まっていた授刀衛は急速に孝謙方に転じた。太上天皇はいざというときのための武力を手中にしたのである。

仕掛けたのは孝謙太上天皇

授刀衛内の情勢を側聞した仲麻呂は危機感を懐いた。自衛の策を講じなければならない。軍事力の強化を名目として同年九月二日、四畿内だけでなく美濃・伊勢ほか十一か国を管轄する都督兵事使に就いた。他にも仲麻呂側の不穏な動きは伝わってきた。

事を起こすべき時が来た。橘奈良麻呂の変時に、光明皇太后を襲って皇権のシンボル天皇御璽印と駅鈴を奪う計画があった。これらは文書による皇権発動に欠かせないものだからである。進言もあったろう。孝謙太上天皇は決断した。九月十一日、御璽印や駅鈴の出納を任務とする少納言山村王《やまむら》を中宮院に派遣し、淳仁天皇の手許にある印と鈴を接収させた。仲麻呂はこれを聞き、淳仁天皇に近侍していた息子の訓儒麻呂らに取り返させた。通説では、これを仲麻呂の謀反と見なして歴史が書かれている。だが天皇御璽印の保持者はあくまで淳仁であった。

印と鈴を奪われたと授刀舎人の物部磯浪《もののべのいそなみ》から危急を聞いた太上天皇は、授刀少尉坂上苅田《さかのうえのかりた》麻呂《まろ》・同将曹牡鹿嶋足《おしかのしまたり》らを遣わして訓儒麻呂を射殺、印と鈴を奪取した。仲麻呂は部下の中衛将監矢田部老《やたべのおゆ》を甲冑で武装させ、騎馬で山村王を襲わせたが、授刀舎人紀船守《きのふなもり》が矢田部老を射殺、印と鈴は無事太上天皇のもとに届けられた。太上天皇はすぐさま勅を発し、仲麻呂とその子・孫が謀反を起こしたので、官位を剝奪、藤原の姓を禁ずると命じた。

造東大寺司と東大寺の活躍

御璽印と駅鈴の争奪戦は、授刀衛長官藤原御楯が没した六月からの三か月間に用意周到に準備された結果であり、仲麻呂、つまり恵美押勝の乱は『続日本紀』のいう押勝の謀反ではなく、実は孝謙太上天皇によるクーデターだったことを物語っている。吉備真備が直ちに召し出され、参謀として軍略を練ったことはよく知られている。乱が旬日も経たずに鎮圧されたことは、真備の献策に拠るところが大きかった。しかも反仲麻呂に向け一斉に蜂起したのは、反感を抱く高位高官ばかりではなかった。

真備が長官を務める造東大寺司の写経所では、孝謙太上天皇の思うところがあって、道鏡を通じ八月十六日から『大般若経』六〇〇巻の書写が行われていた。そこへ向けての九月十一日である。その夜、造東大寺司から写経に従事していた左大舎人少初位下科野虫麻呂《しなののむしまろ》(当時四十五歳)ら十六名が内裏に馳せ参じた。ところがいずれも年齢が高く、役に立ちそうもないと判断されたためか、礼部(治部)大輔で侍従であった藤原縄麻呂《なわまろ》がなだめ、造東大寺司の警護に当たるようにと帰らせた。

むしろ特記すべきは僧たちの動きであった。東大寺三綱の上座であった僧安寛《あんかん》は、仲麻呂謀反の報に接するや、果敢にも即日、正倉院の兵器を内裏、つまり孝謙太上天皇方に進上することを主張したらしく、御大刀四十八口、黒作《くろづくり》大刀四十口、計八十八口ほか、御弓一〇三枚、甲《よろい》一〇〇領、靫《ゆぎ》三具（矢二四〇隻を納む）、背琴漆靫《はいきんうるしゆぎ》一具（矢五十隻を納む）、胡簶《ころく》九十六具（各矢を納む）を櫃《ひつ》二十二合に納め、みずからが使となって内裏まで運んだ。かなりの重量になるから、担ぎ手となったのは若い沙弥たちであろうか。

これらの兵器の出蔵には、大僧都賢太法師《げんだいほっし》良弁は僧綱所のある薬師寺に赴いて不在だったのであろうか、署判はないが、使法師安寛、三綱洞真《どうしん》ほか、造東大寺司判官佐伯真守《まもり》、同主典志《し》斐麻呂《ひのまろ》が署名しており、東大寺と造東大寺司とが一丸となって事を進めたらしい。

東大寺から平城京の宮殿まではかなりの距離があり、途中仲麻呂方から襲撃を受ける危険もあることを考えると、安寛の即断即決と豪胆ぶりがうかがえる。安寛が東大寺三綱の長老格である上座として実務に加わったのは、十四年も前の天平勝宝二年（七五〇）のことである。それまでにすでに学僧として名を成し、翌年には東大寺律宗の大学頭の地位にあった。

仲麻呂の乱のとき、果敢な行動をとった僧は何も安寛だけではなかった。天平宝字四年以来、良弁の目代《もくだい》として東大寺造営事業の検校に当たっていた実忠《じっちゅう》は、孝謙方に加勢するために私的に軍馬の芻《まぐさ》二〇〇〇囲を献上した。実忠は東大寺二月堂の修二会を始めた人としてよく知られる僧である。東大寺を挙げて、反仲麻呂の旗幟を鮮明にしたということであろう。それだけ東

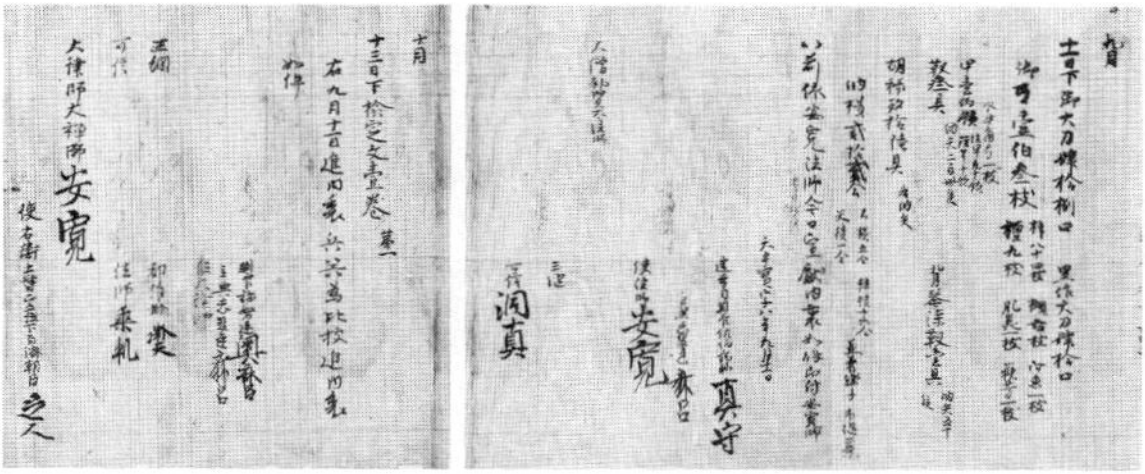

正倉院出入帳（正倉院）

大寺では仲麻呂に対する不満が渦巻いていたのである。

公的記録から消された良弁と安寛

乱が始まった即日から論功行賞が行われた。叙任と任官は延々と続くが、実は『続日本紀』には、功績によって僧正に任命されたはずの良弁の名がない。

正倉院文書では、乱勃発当日の天平宝字八年九月十一日付の御大刀四八口ほかの正倉院からの出入帳には良弁は「大僧都賢太法師」とあった。ところがその二日後の九月十三日に大仏殿に『金剛般若経』一五〇巻を奉請したときには僧正となっていた。九月十一日から十三日にかけて叙位等に与ったのは乱の鎮圧にもっとも功績があった人たちである。したがって僧正任命が彼らに準じる功によることは明らかである。記載漏れとも考えられるが、どうやらそうではないらしい。

それは九月十一日、御大刀四八口ほかの兵器を果敢にも内裏に運んだ僧安寛も、翌十月十三日付兵器検定文（出入帳）では大律師大禅師の肩書で署名しているからである。安寛は明らかにその功が認められて僧綱の大律師に抜擢され、大禅師の称号を与えられていた。ところがその名が公的記録にない。二人はほぼ同時に僧綱の任命に与ったはずである。

通常、僧綱の任命は『続日本紀』に記載される。ところが二人の記録は漏れたのではなく、故意に抹消されたと考えた方が、その後の歴史に起こった非情な政争を考え合わせるとつじつまが合う。抹消を命じたのは果たして誰であろうか。

三　称徳天皇重祚

淳仁天皇の廃位

天平宝字八年十月九日、孝謙太上天皇は兵部卿和気《わけ》王・左兵衛督山村王・外衛大将百済《くだらの》王《こにきし》敬福《きょうふく》らに兵数百を率いて中宮院を囲ませて淳仁天皇を捕え、図書寮《ずしょりょう》西北の寂しげな土地まで歩かせ、山村王に詔を読み上げさせた。帝位を退け、親王として淡路国の公とするというのである。哀れ淳仁天皇はその母とともに平城宮小子門から追い出され、淡路国に幽閉された。太上天皇は重祚《ちょうそ》して称徳天皇（続紀では高野天皇）となり、翌年正月、群臣の朝賀を受け、天平神《じん》護《ご》元年（七六五）と改元した。十月、淡路に幽閉された淳仁廃帝を訪ねる者多く、幽閉に耐えかねた淳仁は逃亡を図るが、失敗してその翌日死去した。

宇佐八幡神託事件

天平神護元年閏十月、称徳天皇は道鏡に太政大臣禅師の位を授け、文武百官に道鏡を拝礼させた。臣下で太政大臣格の太師になったのは仲麻呂が最初であった。称徳天皇は道鏡をみずからの師と仰ぎ、仲麻呂と同じ位に就けようとしたのであろうか。それが終わると弓削寺に行幸した。実は称徳天皇の道鏡に対する思いはこれに止まらなかった。

合奉写経七百卅二巻
最勝王経十一部
宝星経一部
七仏所説神呪経三部
金剛般若経六百巻
右今月十日内宣偁
御根道令奉写件
経者宜承知旨早
令奉写
天平宝字七年三月十日
法師道鏡

道鏡自筆文書（正倉院）

天皇の道鏡に対する態度は、仏教界に密教的な超能力者を求めるという風潮を世間に広める結果となり、あげくは僧基真《きしん》のような希代の怪僧を生み出すもととなった。日本の仏教は今や変質への道を辿りはじめたのである。

神護景雲《けいうん》三年（七六九）正月三日、西宮正殿の法王道鏡に対し、拝賀を大臣以下百官にさせ、道鏡自身は法王としての年賀の祝辞を述べた。だが称徳天皇には宿命的に抱えている大きな悩みがあった。皇位継承問題である。

称徳天皇は、貴族百官はむろん寺院僧侶までもが反仲麻呂を旗印に結集して重祚することができたが、即位当初、みずからの皇位そのものは一時的なものであることをよく自覚していたであろう。ところが日を重ね、道鏡の地位が安定し、天平神護二年(七六六)七月には伊勢大神宮寺に丈六の釈迦仏像を造らせるほど、神仏習合が進んでくる。さらにこの年の十月、基真の詐欺行為によるとはいえ、道鏡を法王に任じ、尼天皇と法王との共同統治の完成形態が生まれると、天武系草壁皇統を継承する者が存在しないという現実のなかで、天皇の皇位観は揺らぐことになった。天皇は継承の選択肢として、天の加護を受けた出家者もありうるのではないかとその可能性を模索した。つまり法王道鏡にさらなる権威付けとして、「天」からの認定を期待するようになっていったのである。

どこから漏れたのか、称徳天皇の心中を推し量って鋭く反応したのは宇佐八幡神宮であった。女禰宜に「道鏡をして皇位に即かしめば、天下太平ならむ」との神託が下ったのだという。天皇は神からの夢告によって側近の法均《ほうきん》尼の弟和気清麻呂《わけのきよまろ》を宇佐に派遣し、神託の真偽を確かめさせた。ところが、大神の御命は称徳天皇の意向に反したものであった。姉法均から清麻呂の復命を聞いて天皇は怒りに燃えた。

天皇は宣命を発した。「臣下たるものは浄き心でもって仕えるべきであるにもかかわらず、清麻呂と法均は大神の託宣にかこつけて、よこしまにも心穢く偽りの話を奏上したが、その様子から法均を問い詰めると、自分が思っていたように大神のお告げではないとわかった。よって法にしたがい処分する。これもひとえに他人の奏上によってではなく、盧舎那如来や観世音菩薩、護法善神や天神地祇《あまつかみくにつかみ》のおさとしの賜物であった」と。処分の内容は和気清麻呂を別部穢麻呂《わけべのきたなまろ》と改名させて大隅へ、法均は還俗のうえ名を広虫売《ひろむしめ》とし、備後への配流となった。法均は旧名ではなく、狭虫《さむし》に貶められたとする伝承もある。

側近の法均らが内道場から追放されて称徳天皇は孤独となった。ことが道鏡に係わることだけに彼に相談することもできなかった。孤独のなか、怒りも静まり天皇の心には、清麻呂がもたらした「我が国家開闢《くにひら》けてより以来《このかた》、君臣定まりぬ。臣を以て君とすることは、未だ有らず。天《あめ》の日嗣《ひつぎ》は必ず皇緒《こうしょ》を立てよ。无道《むどう》の人は早《すみやか》に掃《はら》ひ除《のぞ》くべし」という託宣が重くのしかかった。道鏡に対して懐いた皇位についての想念は数日を経て次第に姿を消し、皇位とは何かをみずから反芻し、改めて長文の宣命を出した。神護景雲三年十月一日のことである。それは元正天皇や聖武天皇の遺勅を引用しながら、皇位を願う諸人の心を戒めたものであった。道鏡を皇位に即ける意思は称徳天皇から払拭されていた。

宇佐八幡神宮といえば、聖武天皇の盧舎那大仏鋳造にまつわって東大寺とは縁が深い。称徳天皇崩御後の世代からすれば、八幡神託事件は東大寺にとっても疑念が持たれかねない政治事件であった。

四　政争ふたたび

白壁王立太子の策謀

神護景雲四年（七七〇）八月四日、称徳天皇が西宮の寝殿で崩御した。五十三歳であった。天皇は生前、誰を皇太子に立てるかの貴族間での争いに嫌気がさし、皇太子を立てないと宣言、そのまま没した。『続日本紀』では、「左大臣藤原永手、右大臣吉備真備、参議の藤原宿奈麻呂・藤原縄麻呂・石上宅嗣、近衛大将藤原蔵下麻呂《くらじまろ》らが白壁王《しらかべ》を立てて皇太子とす」とあって、擁立への真相は不明である。だが、『日本紀略』が同年八月四日の条で引用する「百川伝《ももかわ》」によると、次のような経緯があったという。

右大臣吉備真備らは、天武系の長《なが》親王の子従二位文室浄三《ふむやのじょうさん》を皇太子に推した。文室浄三とはもと智努《ちぬ》王で、東大寺にも縁がある。これに藤原宇合の八男の雄田麻呂《おだまろ》、のち百川が左大臣藤原永手・参議兵部卿藤原宿奈麻呂と謀り反対した。すでに雄田麻呂は称徳天皇の崩御が近いことを秘かに知り、策を練っていたのである。それでも真備は推したが、文室浄三が固辞した。さらに真備らはその弟で参議の文室大市《おおち》を推したが、これも固辞。即座に、雄田麻呂は永手・

宿奈麻呂と策を定め、称徳天皇の宣命を偽作し、宣命使を朝庭に立てて宣言させた。右大臣真備は舌を巻いて如何ともしがたく、雄田麻呂は即刻、儀仗兵に命じて白壁王を迎えにやらせ、皇太子に立てた。のちの光仁天皇である。

『続日本紀』では、左大臣藤原永手がこの偽作の宣命を称徳天皇の遺宣と称して「白壁王は諸王のなかでも年長であり、かつ天智天皇の孫であるので、皇太子と定めるがよいと詔された。そこで今ここに宣するのである」と発表した。これも皇位をめぐる一種のクーデターである。

『続日本紀』の編纂を勅命したのは桓武天皇である。もし正史である『続日本紀』に、『日本紀略』が伝える擁立の経緯が真相として記録されれば、光仁天皇のみならず桓武天皇自身も、皇位の正統性が問われることになる。『続日本紀』の編纂過程は複雑で、光仁朝にいったん出来上がっていた三十巻の史書が桓武朝に至って二十巻に圧縮されたこともあった。今の言葉でいえば、権力者に不都合な記録は残さないということか。『日本紀略』は編者未詳の不思議な書物である。想像をたくましくすれば、『続日本紀』編纂時に桓武天皇の意向を受けて削除された部分について、編者はそれを潔しとせず、秘かに記録として残したのではなかろうか。

吉備真備と藤原永手・同宿奈麻呂とは、かつては反仲麻呂の盟友であった。それがこのたびは意見が割れた。そこに宿奈麻呂の弟雄田麻呂が加わった。雄田麻呂はまだ若いが深慮遠謀の策士であった。白壁王は天智系だが聖武天皇の皇女井上《いのうえ》内親王を妻としており、天武系を支持する官僚の賛意を得られると踏んだのであろう。諸王中最年長で、このとき六十二歳。なお井上内親王の「井上」は東大寺修二会の過去帳で「いがみ」と読む。

政治の力学は称徳政治の否定へと大きく舵を切った。『続日本紀』に加えられた称徳天皇の晩年に関する記事は、仲麻呂の敗死後、道鏡の専横により伽藍等の造営のため国費は不足気味となり、政治は乱れたと、その失政を述べる。道鏡は八月二十一日、造下野国薬師寺別当に左遷され、翌日、道鏡の弟弓削浄人は三人の息子とともに土佐国に流された。二十六日には僧綱を退けられていた慈訓と慶俊《けいしゅん》が復職し、少僧都となった。白壁王擁立に功を挙げた右兵衛の長官藤原雄田麻呂は越前守を兼任、さらに右大弁に昇進した。雄田麻呂は百川と改名、宝亀二年(七七一)十一月には参議となった。すばやい昇進である。

廃后と立太子

神護景雲四年十月一日、白壁王は即位して光仁天皇(在位七七〇〜七八一)となった。年号も宝亀と改まると、その翌十一月、井上内親王は皇后になった。続いて翌宝亀二年正月にはその子息、他戸《おさべ》親王が皇太子になった。母が皇后井上内親王であることから兄らを差し置いての立太子であった。何事もなければ、他戸親王が天皇になるところである。ところがこの母子の運命は急転した。翌宝亀三年(七七二)三月、皇后井上内親王が巫蠱《ふこ》の罪で廃された。

光仁天皇の宣命は内親王の廃后《はいこう》そのものに何も触れず、真相は不明である。どうやら廃后の目的は別にあった。五月二十七日、皇太子他戸親王が謀反大逆の人、つまり井上内親王の子であることを理由に廃され、親王号が除かれた。皇位をめぐるその後の経緯を見れば、井上内親王・他戸親王の利用価値はすでに果たされたとして、二人は捨てられたと理解できる。

一方、空位となった皇太子に誰を推すか、群臣たちのあいだで意見が割れた。参議である式家の藤原百川は山部《やまべ》親王(桓武)を推したが、参議兼刑部省長官である京家の藤原浜成《はまなり》(麻呂の子息)は、山部親王の母が高野新笠《たかののにいがさ》で、その出自が渡来系(百済)であることを問題視して反対、光仁天皇と尾張女王とのあいだに生まれた稗田《ひえだ》親王を推挙した。結局は百川の意見が通り、宝亀四年(七七三)正月、山部親王が皇太子となった。

井上内親王の廃后、他戸親王の廃太子、山部親王の立太子へと、一連の動きは藤原百川の策謀によると見なされている(『公卿補任』宝亀二年百川伝)。縁戚を辿れば百川の意図が読める。井上内親王・他戸親王母子にはさらなる悲劇が待ち構えていた。

第六章　新たな天皇大権の確立

一　仏教界の綱紀粛正

僧尼の度縁は治部省に

道鏡が追放されて以後、政府の仏教政策は以前の律令制重視の姿勢に戻った。天平神護元年(七六五)以来、僧尼の度縁、つまり得度した者に与えられる公験《くげん》(身分証明書)はすべて道鏡の印を用いて発行されていたが、宝亀二年(七七一)正月早々、これが旧制に復し、治部省の印を用いて発行することが決まった。

仏教界に対する政府の締め付けが始まったのである。まさに逆風の嵐が吹き出した。国分寺を中心とする諸国の吉祥悔過《きっしょうけか》も廃止となった。不要な出費と見なされたからである。さらに八月には、所轄の内匠寮《ないしょうりょう》で僧綱ならびに大安・薬師・東大・興福・新薬師・元興・法隆・弘福・四天王・崇福・法華・西隆等の各寺の印を新たに鋳造し、頒布した。寺院行政の刷新を図るのが目的であるが、実態は政府による寺院の統制であった。

ところが翌年の十一月には、全国の国分寺における正月七日間の吉祥悔過を復活した。天候不順と水不足のためであった。一旦は吉祥悔過を停止したものの、現実には、政府としても仏教を全面的に否定することもできなかったのである。それでも政府の仏教界に注ぐ目は厳しかった。

良弁僧正遷化

翌宝亀四年(七七三)閏十一月、良弁僧正が遷化《せんげ》した。『続日本紀』では、二十四日の条に、「僧正良弁卒《しゅっ》しぬ。使を遣して弔はしむ」と、一行にも満たない記事で終わっている。僧綱の僧正に任命された人物であるにもかかわらず、卒伝はない。しかし、三日前の二十一日の条には、光仁天皇の勅として、「僧正の賻物《ふもつ》は従四位に准《なぞら》へ、大少僧都は正五位に准へ、律師は従五位に准ふ」と、僧綱に対する賻物の額を定めている。賻物とはこの場合、いわば弔慰金である。明らかに良弁の遷化があって定められたに違いない。すると、その後の二十四日に「良弁卒」では理が通らない。

一方、『東大寺要録』巻第一では宝亀四年閏十一月十六日入滅とし、僧正の補任を宝亀四年としている。ところが巻第二では宝亀四年十一月良弁僧正入滅とし、僧正の補任を天平宝字七年九月四日とするなど、誤りが目立つ。なお『僧

良弁僧正像(東大寺)

綱補任』は閏十一月十六日入滅の説を採る（『群書類従』巻五十四上）。史実として、僧正の補任が天平宝字八年九月十一日から十三日のあいだにあったことはすでに触れた。現在東大寺では、新暦に合わせて十二月十六日に良弁忌を営んでいる。

『要録』が編纂された平安後期には、すでに良弁僧正に関する記録はあまり残っていなかったようである。良弁を根本僧正《こんぽんそうじょう》と位置づけている割には伝説上の記事が多い。『要録』は思託の『延暦僧録』の逸文を根本史料として多くを引用するが、なぜか良弁に関する伝記はない。ところが、良弁の大僧都時代、彼の下で活躍した慈訓については伝記がある。思託が良弁の伝記を失することは考えられない。良弁に関する記録の少なさは異常と思えるほどで、僧正への補任の記録も含めて、『続日本紀』編纂時に恣意的に抹消された可能性が高い。

いずれにしても良弁を失った東大寺は、代わりが務まるような存在感のある人物を見出せず、苦境への道を辿ることになる。

僧尼籍の確認調査

宮中を取り巻く不安な空気のなかにあっても、律令の官僚たちは仏教界への締め付けの手を緩めなかった。宝亀十年（七七九）八月二十三日、治部省が太政官に「大宝元年より以降、僧尼は本籍、つまり僧尼籍に記載されるものとなっているが、その後の生存・死亡が不明である。

したがって、この僧尼籍と毎年各寺の三綱が提出する僧尼の名帳、つまり僧尼帳とを照合するすべがない。よって平城京左右京職と諸国の国司に、僧尼籍記載の僧尼の、現時点での存否・在不の状況を報告するよう命じられんことを。そうすれば官度僧が明らかとなり、無許可の私的な出家もなくなるであろう」と上奏した。太政官はこれを裁可し、官符で諸国に命じた。

僧尼籍とは一般人の戸籍に当たり、六年ごとに作成される。大宝令に基づき大宝元年に最初の僧尼籍が作成されたが、それ以降、治部省の上奏のように、僧尼籍の調査を律令政府がまったく行っていなかったかというと、そうではない。第三章で触れたように、養老四年(七二〇)、僧尼への公験の発給を契機に、治部省被官の玄蕃寮が四年がかりで僧尼籍と僧尼帳を対照・調査した結果、実態と合わない僧尼の存在が明らかになったことから、即位したばかりの聖武天皇に奏聞して処理したことがあった。

ここでの治部省の上奏は、僧尼籍の管理が称徳天皇時代、道鏡の手にあったことを批判したもので、僧尼籍の徹底的調査と厳格化により私度僧を摘発し官僧の不正登録を正す狙いがあった。

在京国分寺僧尼の本国送還

調査の効果はてきめんであった。治部省は引き続き八月二十六日、「本年は六年ごとに廻ってくる僧尼籍作成年に当たるが、出来上がった本年度の僧尼籍によって、京内外の諸寺の名帳を照合すると、国分寺所属の僧尼でありながら、平城京内に住んでいる者が多いことが判明した。国分寺を創建した聖武天皇の誓願の趣旨に沿って、これら僧侶が本国に帰るよう処分されんことを」と上奏した。この提案に太政官は「智行、すなわち学問と修行が十分に備わり、仮に住むことを願う者については在京を許可し、それ以外は本国に送還するように」と裁可した。

諸国の国分寺の僧尼が東大寺あるいは法華寺に留学して、勉学に修行にと年月を過ごした。規定の年限を過ぎてもなお平城京に留まっている者が多く存在したようで、賑わいのある都を去りがたかったのであろう。特別に認められた僧尼以外は、すべて本国の国分寺に強制送還となった。

死亡した僧尼の名を冒称

僧尼籍調査の結果、不正が次々と明るみになった。光仁天皇は同年九月十七日、勅した。「死亡した僧尼の名を冒称して、不正に僧尼の身分を得ている者が多数存在し、なかには智行に優れた者がいることもあり、今回は特別に現状を追認して公験を与えるが、以後、そのような不正が起こらないように」と。

私的に出家することは禁じられている。国家が承認する官僧への道は厳しい。それでも僧侶の資格を得ようとする者は後を絶たなかったようである。抜け道の一つは死亡した僧尼に成りすますことであった。各寺院では、毎年寺務方の三綱が所属僧侶の異動を僧尼の名帳、つまり僧尼帳に記載して玄蕃寮に提出する。そのさい、死亡した僧尼名をそのままにして、出家を希望する別人に変えて提出することが行われていたのである。不正行為の動機はさまざまあろう。別人の名を冒称する者は当然僧尼の身分を剝奪される。しかしながら、光仁天皇は寛大にも智行に優れた者については処分せず、僧尼としての身分証明書を発給してよいとしたのである。これが『続日本紀』に記録された。

僧綱に綱紀粛正を促す

しかしながら、光仁天皇の対仏教政策は寛大すぎるとの批判があったのか、翌宝亀十一年（七八〇）正月二十日、天皇は詔を出した。

「朕が思うに、仏の御教えを行う恵み深い王の日々は仏法が行きわたって澄み切っており、仏弟子である君主が仏法興隆に努めたところ、天下安穏にして、しばらくは災異の起こることがなかったという。ところが最近、天が譴責して災いが伽藍に及んでいる。これをよく顧みれば、朕の不徳によるかもしれないが、むしろ仏教界の現状に恥ずるところがあるためではないか。聞くところによると、『仏門の人々の行為は俗界の人々となんら異なることがなく、上は無上の慈悲と教えに違反し、下は守るべき国家の法を犯している』と。僧綱が率先してこれを正さなければ、誰が糺《ただ》そうというのか。また諸国の国師と、諸寺の鎮・三綱と、講師と複講とは、罪福を顧みず、もっぱら請託を事とし、その結果、僧尼の員数があまりにも多く、国益を損じることが少なくない。このようなことはもっての外であり、もっと護国の正法を修め、禍を転じて優れた縁起の法を弘通《ぐずう》すべきである。このことについて、すべての仏教徒と僧衆に朕が意を知らしめるように。」

詔中「災いが伽藍に及んでいる」とは、この正月十四日に大変な落雷があり、新薬師寺の西塔と葛城寺《かつらぎでら》の金堂ならびに塔がことごとく焼け落ちたことを指す。天が譴責しているのであるから、僧綱が率先して心を引き締め、僧侶の怠慢や不正を糺さなければ、いったい誰が仏門の乱れを正すのか、と警告とも取れる天皇の言葉であった。

二　仏教勢力の排除

桓武天皇の即位

天応元年(七八一)四月三日、光仁天皇は皇太子山部親王に譲位し、桓武天皇が即位した。翌日、新天皇は同じ高野新笠を母とする弟早良《さわら》親王を皇太子とし、簡略ながら宣命を述べた。時に親王は三十二歳。同年十二月二十三日、光仁太上天皇が崩御した。

その服喪期間をめぐって貴族たちとの軋轢が生じるなか、塩焼《しおやき》王の子の氷上川継《ひがみのかわつぐ》の謀反が起こった。その母不破《ふわ》内親王の流罪、かつて立太子に反対した舅、参議藤原浜成の職権剝奪、川継の支党と目された三十数名の断罪、と桓武天皇の処罰は徹底していた。川継の謀反は桓武天皇側から仕掛けられた罠であるとする説がある。井上内親王・他戸皇太子の排除以来、天武系一族は明らかにその隠然たる力を殺がれていったが、それは天皇としての権威が桓武天皇にはまだ備わっていなかったことの一つの証だったと言えよう。

桓武天皇には律令制に基づく権力者としての天皇位を志向する強い意志があった。権力をめぐる貴族たちとのせめぎ合いのなかで、天応二年（七八二）七月、服喪期間をめぐる問題は貴族方の敗北に終わった。ようやく天皇大権をみずからの手中に収めることができたのである。元号は延暦《えんりゃく》となった。

天皇としての権力を確実なものとしたとはいえ、それでこれまでの天皇が持っていたような権威も身に付いたかといえばそうではない。桓武天皇はこの権威を獲得するために新たな手段を模索しなければならなかった。天智系皇統による新王朝の確立、母方の百済王氏族の称揚、交野《かたの》における中国式天帝祭祀、平城京廃都、と次々に新たな手段を講じていった。だがもっとも重視したのは、聖武天皇が培ってきた仏教勢力を政治から排除することであった。

国分寺僧交替の厳格化

桓武天皇による仏教勢力排除の政策は、光仁天皇時代から始まっていた仏教界の綱紀粛正の流れを引き継ぎ、さらにはいっそう強化するものであった。これは延暦二年(七八三)に集中的に打ち出された。まず取り上げたのは、ここでも国分寺問題で、四月二十八日、桓武天皇は勅を出した。その趣旨はこうであった。

天平十三年二月の国分寺建立の詔には、国ごとに二十人の僧侶を置き、欠員が出れば、精進練行にしてしかるべき履歴の候補者を得度させ、数年の試用期間ののち、志の変わらない者についてのみ入道を許すように、と定められていた。ところがそれにもかかわらず、事情をよく理解しない国司が僧侶の死闕《しけつ》(死亡)のあるごとに、みだりに得度をさせてきた。よって「国分寺僧の死闕の交替は、当土の僧で法師となるに堪えうる者を以て補《ふ》すように。今後は新たに得度することを認めず、闕状《けつじょう》を上申し、報を待って施行するように。また尼僧は称徳天皇時代(天平神護二年)に二十人に増員が認められていたが、今後死闕により補充が認められるのは天平十三年に定められた十人までとする」と。

僧尼の管理が治部省に移管されて以来、僧尼籍の実態調査から始まって、官僚たちは僧尼籍に伴う法令順守の適正化を図った。そうすることによって、天皇の意図に応えようと努力してきた。それは取りも直さず被官の玄蕃寮だけでなく、諸国の国司も挙げて、これまでの仏教行政が問われることを意味した。国分寺僧の死亡による交替を厳格にするようにという勅命はその一つに過ぎないが、要は仏教界の不正を弾劾することによって、国家経費の削減を意図したのである。

定額寺への施入売易の禁止

次に桓武天皇が問題にしたのは定額寺《じょうがくじ》であった。延暦六年(七八七)六月十日、勅して「京畿の定額寺には定数があって、私的に造営することは禁じられているはずだ。ところが近年、管轄すべき京職や国司が怠慢で厳しく監督せず、年を経ると、あたかも公認の寺のようになってしまう。今後は私的に道場を造営したり、田宅・園地を施入、または売買によって寺に与えることを禁ずるとともに、これを放置した関係官司の官人も処罰の対象とし、主典以上は解任、自余は身分や罰金の納付に関係なく、決杖八十。黙認した官人も同罪とする」と厳命した。

仏教界の不正や堕落というのは、中央地方を問わず、官僚たちの不正にも係わることだとどうやら天皇は気付いたようである。こうして京畿に私的に道場を造営することと田宅・園地を施入売易することは禁止となった。

諸寺の利殖行為を厳禁

桓武天皇はこれまで僧侶の怠慢や不正を弾劾するという理由で、平城京内の仏教勢力の排除を目指してきた。しかし寺院の運営には官僚が大いに係わっており、僧侶だけでなく官僚も取り締まりの対象としなければ効果はないと判断し、十二月六日、さらに厳しい勅令を出した。

「かつて太政官は天平勝宝三年九月四日にこのように布告した。『富裕な人民が貧乏な人民の宅地を質に取って私出挙《しすいこ》、つまり私的に銭財を利付きで貸し出しているが、貧乏な人民は期限が来ても借財を返済できないことから質入れした宅地を手放し、その結果、本業が成り立たないため他国に逃亡するという事態が生じている。今後はそうした弊害をなくすために私出挙を禁止する。もし契約による償還期限が来ても、なお借主本人が自分の家に住み、そのうえで漸次返済することを希望すればそのようにさせよ』と。ところが今日の状況に鑑み、この件に関して天皇は以下のように勅を出すことにした。

先に私出挙を禁断したにもかかわらず、未だに改まっていない。しかも今、平城京内の諸寺は、利潤をむさぼり求めて、宅を以て質に取り、利息を元本に繰り入れ、複利による計算すらしている。これは三綱の違法行為であるが、官司までもが容認している。これがどうして官吏としての道に外れていないといえようか。出家した僧侶が俗事にかかずらうのは遺憾であるが、もし数年を経ても利息は元本の一倍を過ぎることのないようにせよ。違反者があれば、違勅の罪を科せ。官人は解任、財貨は没収して官に収めよ。」

勅命は当時の寺院における利殖行為の実態を物語っているのであろう。ここで重要なのは、銭財の私出挙の禁止という一般人民に対する聖武天皇時代の法令を持ち出しながら、とくに平城京内の寺院を取り上げ、その利潤をむさぼる行為を厳禁したことであり、寺院側に反発の余地を与えない狙いがあったものと思われる。

教律に従わない僧侶の処罰

それでも桓武天皇はなお寺院勢力への攻撃の手を緩めなかった。延暦四年(七八五)五月二十五日、桓武天皇は追い打ちをかけるように勅を出した。

「出家の人は本来禅行と修道に励む者である。しかるに今、衆僧を見ると、多くは仏法の趣旨に背いている。ある者は私的に檀越《だんおつ》を定めて民間に出入りし、ある者は仏の霊験を得たと称して愚民を惑わしている。比丘《びく》としての教律を慎まないだけでなく、所管の役所が監督を怠っているからである。厳罰を加えなければ、どうして僧侶たちを取り締まれようか。今後はもしこのようなことがあれば、畿外に退去させ、定額寺に安置せよ。」

「所管の役所」とは玄蕃寮・治部省・国司を指す。この勅命を平城京内の僧侶たちはどのように受け止めたであろうか。なるほど、教律に従わない僧侶を処罰するというのはこれまでの天皇の仏教政策からすれば当然の命令であろう。しかしながら、問題は天皇の心底にある仏教観である。かつて聖武天皇が打ち出した仏教による国家の再生という政策には、それなりの思想根拠となった仏教観があった。それがわずか四十年を経て、今や風前の灯火となった。しかも、天皇は長岡京遷都を実行に移しつつある。僧侶や寺院に関係のある官僚たちの危機感はいやがうえにも増していったであろう。それから四か月後、桓武天皇にとって衝撃的な事件が起こった。

三　藤原種継暗殺事件

遷都への構想

延暦三年(七八四)五月十六日、桓武天皇は中納言の藤原小黒麻呂《おぐろまろ》と藤原種継《たねつぐ》、左大弁佐伯今毛人、参議の紀船守《きのふなもり》と大中臣子老《おおなかとみのこおゆ》、右衛士督坂上苅田麻呂《さかのうえのかりたまろ》ほか、調査団一行を山背国《やましろ》乙訓郡《おとくに》長岡村に派遣して、遷都の地にふさわしいか検分させた。遷都の構想はすでに延暦と改元する以前からあった。

天皇には父光仁天皇と違って、平城京での政治上の居心地がよくなかったのか、かねて遷都の意向を漏らしていたのであろう。延暦元年三月に参議、同三年正月に中納言となった藤原種継は桓武天皇の信任厚く、長岡京への遷都を建議したのであった。小黒麻呂は秦嶋麻呂《はたのしままろ》の娘を妻とし、種継の母は秦朝元《ちょうげん》の娘であることから、長岡京遷都の背景には山背国葛野《かどの》郡を本拠に経済力を誇った秦氏一族の存在があると考えられている。

六月十日、中納言藤原種継、左大弁佐伯今毛人、参議紀船守、散位石川垣守《かきもり》、右中弁海上《うなかみの》三狩《みかり》、兵部大輔大中臣諸魚《おおなかとみのもろな》、造東大寺次官文室忍坂麻呂《ふむやのおしさかまろ》ほかを造長岡宮使に任命した。五位以上が十名、六位の官人が八名もいる大編成であった。いよいよ長岡京の造営が本格的に始まったのである。

藤原種継の暗殺

それから一年と三か月余り後の延暦四年(七八五)九月二十三日、造宮責任者の中納言藤原種継が何者かに射殺されるという大事件が起こった。後日、天皇はその死をはなはだ悼み、正一位左大臣を贈与した。

天皇は斎王として伊勢に出発することになった皇女朝原《あさはら》内親王を見送るために、前月から平城京へ行幸中で、皇太子早良親王・右大臣藤原是公《これきみ》・中納言種継に留守役を命じていた。実はこの種継暗殺事件に関する記事は、大半が『続日本紀』から削除されてしまっている。編者未詳の『日本紀略』が「続日本紀記載の崇道《すどう》天皇(早良親王)と贈太政大臣藤原朝臣(種継)との不好之事は皆悉く破却され賜うた」(弘仁元年九月丁未条)と伝えているように、事件は皇太子早良親王に関係があり、のちに早良親王の怨霊を恐れた桓武天皇が関連記事の破却を命じたからである。『日本紀略』はその削除以前の関連記事を書き残しているようで、それによって事件の詳細を知ることができる。そのあらましはこうである。

翌九月二十四日、急遽、平城京から帰還した桓武天皇は、有司に命じて犯人を捜索させ、大伴継人《つぐひと》・同竹良《ちくら》ならびに近衛舎人伯耆桴麿《ほうきのいかだまろ》・中衛舎人牡鹿木積麿《おしかのきづみまろ》ら徒党数十人を捕縛し、右大弁石川名足《なたり》を取調べに当たらせた。桴麿が白状して言うには、主税頭大伴真《ま》麿《まろ》・大和大掾《だいじょう》大伴夫子《ふうし》・春宮少進佐伯高成《たかなり》・大伴竹良が共謀して、近衛の桴麿と中衛の木積麿の二人を藤原種継への刺客に送った。二十三日の亥時というから夜の十時前後、種継が炬火をかざして、工事の状況を検分しているところをこの両名が射殺した、と。種継は翌日死亡した。

さらに大伴継人・佐伯高成の言によれば、「故中納言大伴家持が相謀って、大伴・佐伯の両氏が唱導して種継を除くべしと主張したので、皇太子(早良親王)に上申して遂に決行した」と。次々と取調べが進み、全容が明らかとなった。二十八日、天皇からその発表があり、事件の首謀者は中納言大伴家持・右兵衛督五百枝王《いおえ》・大蔵卿藤原雄依《おより》・春宮亮紀白麿《とうぐうのすけきのしろまろ》・左少弁大伴継人・春宮少進佐伯高成・主税頭大伴真麿・右京亮大伴永主《ながぬし》(家持の子息)・造東大寺次官林稲《はやしのいな》麿《まろ》らで、式部卿藤原種継を殺害し、桓武天皇を廃して早良親王を推戴しようという、実に大掛かりなクーデター計画だった。

家持は春宮大夫、つまり早良親王の居所である春宮坊の長官で、春宮坊の官人が多く係わっていたこともうなずけるが、実は家持は決行直前の八月二十八日に病没していた。取調べの結果、斬刑に処せられたのは大伴継人・佐伯高成・大伴真麿・同竹良・同湊麿《みなとまろ》・春宮主書首多治《たじ》比浜人《ひのはまひと》・伯耆桴麿・牡鹿木積麿の八名、流罪は五百枝王が伊予、藤原雄依・紀白麿・大伴永主が隠岐、造東大寺次官兼東宮学士林稲麿が伊豆、大伴国道《くにみち》(『三代実録』による)が佐渡に処せられ、六名となった。また大伴家持はすでに死没していたが除名となった。

『万葉集』の編者として名高い家持は、中納言という議政官の地位にあり、当時は春宮大夫のまま、陸奥按察使《あぜち》鎮守将軍を兼ねていたが、なぜか延暦三年二月、持節《じせつ》征東将軍に任命された。天皇から節刀を賜った以上は、たとえ高齢であろうとも現地に赴かねばならない。没時には陸奥にあったと考えられている。しかしながら、家持は政局の批判者としても政治の舞台にたびたび登場した人物である。天武系政治勢力の最後の代弁者として、桓武天皇が平城京を棄てて長岡京に遷都することに危機感を懐き、打倒桓武のクーデターを画策したとするのは十分ありうる話である。

実忠和尚像(東大寺)

早良親王と東大寺

桓武天皇を廃して、新天皇に推戴される予定だった早良親王は、乙訓寺《おとくにでら》に幽閉され、みずから食を絶つこと十余日、宮内卿石川垣守らに船で淡路に移送される途中、高瀬橋頭で没し、遺骸は淡路に埋葬された。

実は早良親王は東大寺と深い関係にあった。略伝については史料上に若干の異同がある。天平勝宝二年(七五〇)生まれで、当初、のちに東大寺別当となる等定《とうじょう》を師として東大寺羂索院に寄住した。羂索院とは現在の法華堂を本堂とする堂舎のことであるが、ここには二十一間二面檜皮葺の建物をはじめ、僧坊が付属していた。十一歳で出家、やがて神護景雲二年(七六八)もしくは三年に大安寺塔院に移住した。身は清潔で修学修練に努め、二十一歳で戒壇院に登壇して具足戒を受けた。宝亀元年(七七〇)、光仁天皇の即位とともに親王号を賜り、天応元年(七八一)、桓武天皇の即位とともに皇太子となった。

『要録』所収「実忠二十九カ条事」によると、実忠の事績のうち、三か条に早良親王が登場する。これらの条目は、早良親王になる以前から良弁や実忠と親しく交わっていたことを示唆している。早良親王の経歴を見ると、親王はなぜか寺院の学問的雰囲気のなかで少年期を過ごしている。親王になって以降のおよそ十年間は、「親王禅師」として親しみをもって迎えられ、東大寺の造営事業に積極的に係わったが、そればかりでなく、良弁は臨終に当たり、華厳一乗の教説とその興隆を早良親王に託している。しかも親王は平城京の諸寺院や淡海三船《おうみのみふね》のような文人とも交わった。

ところが天応元年、皇太子に立てられ、おそらく還俗して春宮坊に移り住むと、親王を取り巻く環境は一変した。皇太子として、否応なしに政治問題に巻き込まれていったと思われる。もし皇太子に立てられなければ、東大寺に縁の深い一皇族の僧侶として生涯を終えることができたかもしれない。だが悲劇に終わった。

造東大寺司の廃止

さて、藤原種継暗殺事件で注目されるのは、首謀者の一人として名前が挙がっている造東大寺次官林稲麿の存在である。彼は文室忍坂麻呂のあとを承けて、延暦四年正月に造東大寺司に着任したばかりで、東大寺とはどのような関係にあったか不明である。ただ東宮学士を兼務しているので、早良親王とは近しい関係だったと思われる。

桓武天皇は事件の原因を究明するために、早良親王を取り巻く背後関係を徹底的に取り調べさせたに違いなく、当然のことながら、造東大寺司や東大寺はその対象となったはずである。造東大寺司は聖武天皇以来規模の拡大を続け、巨大な官僚機構に成長し、単に東大寺の造営や写経などの諸事業に携わるというだけでなく、東大寺の僧侶集団と一体となって政治的発言力を強めていった。桓武天皇は道鏡を法王にまで据えた称徳天皇の仏教政策を否定する目的で、光仁天皇以上に仏教界の不正を厳しく弾劾してきた。そこへ向けての暗殺事件である。

原因究明に当たって桓武天皇がとくに注目したのは、吉備真備が造東大寺長官に任命されて以降の対藤原仲麻呂(恵美押勝)勢力打倒の動きではなかったか。仲麻呂の乱が起こると、東大寺はいち早く旗幟を鮮明にして孝謙太上天皇方に味方し、良弁や安寛が活躍した。東大寺と密接な関係にあった早良親王が、藤原種継暗殺に連座したことを桓武天皇が重く見て、東大寺を危険分子の巣窟と断定したに違いない。前章で述べたように、仲麻呂の乱の功労者として良弁が僧正に、安寛が大律師に補任されていたが、天皇は二度とこのような政治事件が起こらないようにと、二人の僧綱補任の記録を抹消させたと思われる。

種継暗殺の翌月、中納言藤原小黒麻呂ら勅使が各天皇陵に派遣され、早良親王の廃太子が天智天皇・光仁天皇と並んで、聖武天皇にも奉告された。

それから三年半後の延暦八年(七八九)三月十六日、造東大寺司は廃止となった。『続日本紀』はごく簡単にそう記すだけである。なんの理由も書かれていない。四十年にわたるその華やかな活躍の歴史を考えると、あっけない幕切れである。一般的には、東大寺の主要部の造営がほぼ完了したので停廃されたと理解されている。廃止の理由についての研究も、制度史的視点でなされることが多い。なお造東大寺司の機能は造東大寺所が引き継ぐことになる。

しかしながらその停廃は、桓武天皇の政治目的によるところが大きい。当時は長岡宮の造営の最中であり、この年二月には、内裏が西宮から新たに造営なった東宮に移ったばかりであった。加えてこの頃は蝦夷《えみし》討伐の戦端を開こうとしていた時期と重なる。造東大寺司の組織と技術は新たな造営や軍事に向け転用されたのであろう。

不運たび重なる

種継暗殺事件から二か月後、安殿《あて》親王が皇太子になり、延暦七年(七八八)正月には元服した。長岡宮の造営が続くなか、桓武天皇に身内の不幸が重なった。延暦七年から九年にかけて、藤原百川の娘で夫人の藤原旅子《たびこ》、母の高野新笠、皇后藤原乙牟漏《おとむろ》が相次いで亡くなった。準備を掛けた蝦夷征討も延暦八年(七八九)六月、征東将軍紀古佐美《きのこさみ》が大敗した。しかも延暦九年は春に飢饉が起こり、秋には大宰府管区で八万八〇〇〇人もの飢民を出し、また全国で天然痘が流行、多数の死者が出た。

今度はその秋、皇太子安殿親王が重い病気に罹り、病状はすぐれなかった。一時恢復したものの、延暦十一年に再発、重病となった。何が原因か、卜占《ぼくせん》の結果は廃太子早良親王の祟《たた》りだと出た。六月のことである。早良親王の怨霊を恐れた桓武天皇は淡路の親王の墓に勅使を派遣し、親王の霊に鎮謝させた。怨霊のことを「御霊《ごりょう》」という。政争に敗れ非業の死を遂げて怨霊となった人々の霊魂のことである。

その年は雨が多く、桂川が氾濫、洪水が発生した。早良親王の怨霊と天災に苦しめられ、桓武天皇は不吉な長岡京の放棄を決断した。延暦十三年(七九四)十月には遷都の詔を出し、平安京と号した。

四　平安京で構想新たに

早良親王の鎮魂

平安京に遷都しても早良親王の祟りは止まなかった。怨霊鎮撫はその後も繰り返され、延暦十九年(八〇〇)七月には崇道天皇の尊号を追贈、併せて廃后井上内親王にも皇后号を贈り、二人の墓は山陵と呼ぶことにした。

桓武天皇はこのときなぜ井上内親王の名誉を回復したのか。光仁天皇の皇后だった井上内親王を廃し、二人のあいだの皇太子他戸親王を廃嫡《はいちゃく》してみずからが立太子したことに、今風にいえば良心の呵責に襲われたということか。聖武天皇の血筋を継がせようとした井上内親王の怨霊を恐れたのか。延暦二十三年(八〇四)末、桓武天皇は病床に伏した。翌年、つまり崩御する前年の四月、改葬崇道天皇司を任命し、大和国添上《そうのかみ》郡に八嶋《やしま》山陵を築かせた。現在の奈良市八島町に所在する。一方、井上内親王の山陵は現在の奈良県五條市霊安寺町に築かれ、御霊神社として祀られている。

　東大寺では毎年、二月堂修二会のおり神名帳を奉読、日本全国一万三千七百余柱の神々を勧請して、法会の加護を願うが、その最終段はゆっくりと実に荘重に十一柱の「御霊《ごりょう》」の名を読み上げる。その冒頭は「八嶋ノ御霊　霊安寺ノ御霊　西寺ノ御霊　普光寺ノ御霊　天満天神」と続く。八嶋はむろん早良親王、霊安寺は井上内親王の御霊を指す。天満天神が菅原道真であることは言うまでもない。西寺は西大寺と考えて淳仁天皇に比定され、普光寺は聖武天皇の夫人だった県犬養《あがたいぬかいの》広刀自《ひろとじ》が聖武天皇のために建立した寺で、二人のあいだに生まれた井上内親王・安積《あさか》親王・不破内親王はいずれも不運な生涯をたどった。東大寺では早良親王や井上内

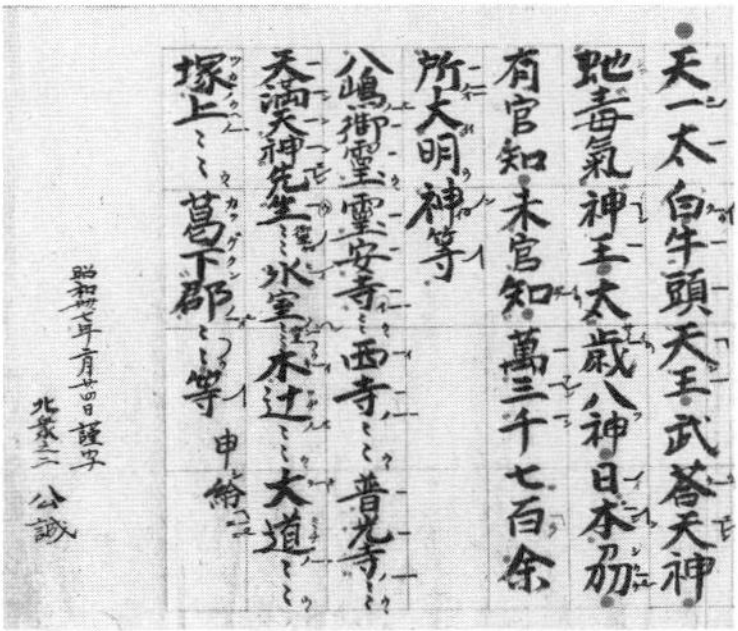
天一太白牛頭天王武答天神
虵毒氣神王太歳八神日本惣
有官知未官知萬三千七百余
所大明神等
八嶋御霊霊安寺〃西寺〃普光寺〃
天満天神先生〃氷室〃木辻〃大道〃
塚上〃〃葛下郡〃〃等
昭和廿七年二月廿四日謹写

神名帳巻末(筆者写)

親王だけでなく、怨念を懐いて御霊となった人々を今なお慰めているのである。

東大寺封戸の削減

さて、藤原仲麻呂によって東大寺の封五〇〇〇戸から切り離された官家功徳分封物の二〇〇〇戸は、その後孝謙太上天皇の写経事業に利用されたり、実忠が内裏に奏聞して始めた一切経読経会《ときょうえ》の布施に便ぜられたり、いずれもその用途は、聖武天皇・光明皇后の遺産を継承した孝謙・称徳天皇が関与した東大寺内での仏事に限られていた。

とりわけ一切経読経会は、東大寺下如法院に安置されていた光明皇后御願の一切経(五月一日経)を、春秋二節、六十人の僧尼が二七《にしち》か日間にわたって奉読するもので、読経の合間には六時行道も修するほど大掛かりであった。その趣旨は「守助国家」であった。この法会は称徳天皇が亡くなったあとも継続され、実忠は十余年にわたって勤めたという。

天武系のなかでも草壁皇子直系が伝えてきた天皇家の遺産は、称徳天皇の崩御で正式な継承者を失った。その行方はどこに向かうか。光明皇太后はかつて聖武天皇遺愛の品が散逸することを恐れて、東大寺盧舎那仏に献納した。同様に、官家功徳分の封二〇〇〇戸の封物もしばらくは東大寺内で費消されていた。官家は天皇家を指すとはいえ、天智系の光仁天皇にすんなりと継承されるわけではなかったようである。

光仁天皇は慎重であった。即位後丸十年経った宝亀十一年(七八〇)、官家功徳分封物を東大寺のなかでも別庫に収めさせ、封物の出納には造東大寺司と東大寺三綱以外に諸司、つまり俗官を立ち会わせた。その用途も毎年の夏安居《げあんご》、天皇家追善の国忌、その他諸々の斎会に限定した。おそらく実忠の一切経読経会はこの仏事から外されたのであろう。

桓武天皇は運用の煩雑さから別扱いとすることをやめ、造東大寺司庫に戻した。しかし、東大寺に残された聖武天皇家の遺産に注ぐ目は厳しく、それは曝涼《ばくりょう》の名のもと、正倉院の宝物管理にまで及んだ。延暦八年に造東大寺司を廃止すると、封物はふたたび別扱いとなった。

ところが、桓武天皇による封物の管理法は平安京遷都によって一変した。延暦十四年六月、天皇は東大寺の別倉に収められた封物の出納に諸司をいちいち往還させるのは煩雑であるとして、以後は官庫、つまり大蔵省の倉庫に収めるとしたのである。寺院に施入された封物を官庫で管理するとは、まさに官家功徳分を東大寺封戸から引きはがすことを意味した。

これには天皇の対仏教政策の方針転換が影響している。長岡京では南都の諸寺院の移転を許さず、新たな官大寺を創建することもなかった。ところが平安京では官大寺を東西両京に配置し、鎮護国家の役割を持たせるという構想を立てた。するとその費用が必要となるが、東大寺の官家功徳分の封二〇〇〇戸をそれに充てることにした。確かに、はるか後世の編纂物であるが、東寺は延暦十五年(七九六)に創建されたとされる。

桓武天皇を継いだ安殿親王、つまり平城《へいぜい》天皇（在位八〇六〜八〇九）は、父天皇の諸政策を改め、官庫で管理していた官家功徳分封物も、大同三年（八〇八）三月にすべて東大寺庫に戻した。ただ出納には僧綱と東大寺三綱、それに大和国司を立ち会わせるとした。東大寺からの強い要請があったからであろう。ところが弟の嵯峨天皇（在位八〇九〜八二三）はこれを覆し、弘仁三年（八一二）十月、官家功徳分封物を東寺と西寺の造営費用に充て、封二〇〇〇戸の管理を造東寺司・造西寺司に移した。造東西寺司が廃止されると、東大寺封戸はそれぞれ一〇〇〇戸ずつ東寺と西寺に帰属されることになった。これで官家功徳分の東大寺との関係は完全に絶たれた。

この処置にむろん東大寺側は不満だったろう。だが絶大な天皇大権のまえには如何ともなしがたく、ささやかな抗《あらが》いだったのか、西塔から下ろしてきた聖武天皇の勅書銅板（正倉院宝物）の裏面に、天平勝宝元年（七四九）、封五〇〇〇戸と水田一万町が施入されたとする偽作の銘文を刻み、呪詛めいた願文を副《そ》えたのであった。

結局のところ、東大寺の封五〇〇〇戸は、すでに新薬師寺に割譲された封戸を差し引くと、供養三宝分に由来する上政所《かみのまんどころ》管理の一八〇〇戸と堂塔造営修理分に由来する下政所《しものまんどころ》管理の九〇〇戸で計二七〇〇戸、比率にして五四パーセントに削減された。むろん既得権の喪失はこれに止まらなかったのである。

酒人内親王献入帳

嵯峨天皇時代の弘仁九年(八一八)三月、桓武天皇の妃だった酒人《さかひと》内親王が『大般若経』一部六〇〇巻、『金剛般若経』一〇〇部一〇〇〇巻、厚見《あつみ》・横江・土井の三荘五〇三町六段余歩の墾田、銀香炉一具、銀鉢八口に梵網戒《ぼんもうかい》の十八種物を副えて東大寺に施入した。そのときの施入状は東大寺に伝来し、明治八年に皇室に献納された。現在は正倉院宝物となり、酒人内親王献入帳と呼ばれている。

酒人内親王の父は白壁王(のちの光仁天皇)、母は聖武天皇の夫人県犬養広刀自の娘の井上内親王で、白壁王の妃となった。酒人内親王は他戸親王の姉に当たる。母の井上が皇后、弟の他戸が皇太子となりながらも、いずれも廃されて悲劇の死を遂げたのに対して、酒人内親王は生き残り、命を全うした。そこには一つの運命が待ち構えていた。

『続日本紀』の後を承けた正史『日本後紀』は一部しか現存せず、酒人内親王の薨伝も残っていないが、幸い散逸するまえに『東大寺要録』に転載されていた。

光仁天皇が即位して、井上内親王が皇后となるや酒人内親王は三品《さんぼん》を授けられ、宝亀三年(七七二)十一月には伊勢斎王となり、潔斎をするあいだ春日斎宮に寓した。かつて母井上内親王も斎王になったことがあった。時に十九歳。宝亀五年(七七四)九月、伊勢に向かい、在宮は二か年に及んだ。すこぶる美貌、眉目はあでやかで麗しく、その美しさはえも言われず、たお

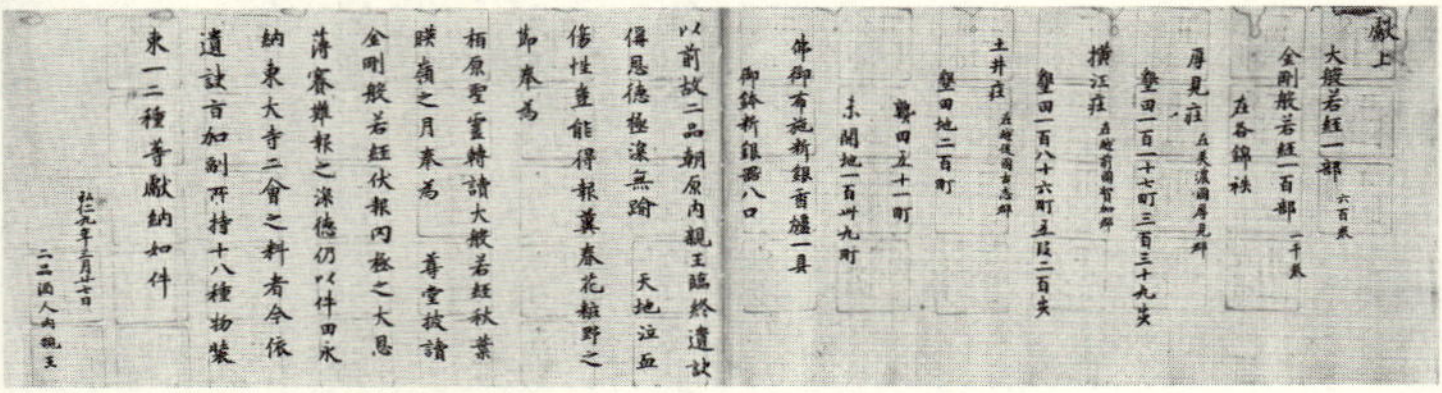
献上
大般若経一部　六百巻
金剛般若経一百部　一千巻
在各錦袂
厚見荘　在美濃国厚見郡
墾田一百一十七町三百三十九歩
横江荘　在越前国加賀郡
墾田一百八十六町五段二百歩
土井荘　在越後国古志郡
墾田地二百町
熟田五十一町
未開地一百卌九町
仏御布施新銀香爐一具
御鉢新銀器八口
以前故二品朝原内親王臨終遺訣
偈恩徳極深無踰　天地泣血
傷性豈能得報冀春花鞍野之
節奉為
栢原聖霊轉読大般若経秋葉
暎嶺之月奉為　尊堂披講
金剛般若経伏報罔極之大恩
薦賽弊報之深徳仍以件田永
納東大寺二會之料者今依
遺訣古加副所持十八種物装
束一二種等献納如件
弘仁九年三月廿七日
二品酒人内親王

酒人内親王献入帳(正倉院)

やかそのもの。絶世の美女だったようである。

伊勢から平城京に戻ると、母井上も弟他戸も、すでにこの世になかった。皇太子山部親王、のちの桓武天皇のもとに挨拶に伺うと、親王はたちまち見初めて妃とした。もし聖武天皇が生きていて、この事実を知ったならば何と驚愕したことであろうか。酒人内親王からすれば、山部親王は同父異母の兄である。中国では同姓不婚といって、男系の血を分けた者の男女間の婚姻は禽獣に等しい行為であり、古くから忌むべきものとされていた。唐令では同姓不婚を定め、違反した場合の刑罰も決めていた。

唐の律令を参考にした大宝律令の編纂者たちは、当然のことながらこの規定を承知していたであろうが、天智天皇の皇女で天武天皇の皇后となった持統天皇が存命していたこの時期、中国風の同姓不婚の習俗を法として採用することは憚られた。その結果、大宝律令では妃を内親王に限るとし、天皇家による非常に近い血縁のあいだでの近親婚を追認した。だが大宝二年(七〇二)に遣唐使が三十三年ぶりに派遣され、改めて中国の文化や慣習が日本に流入すると、話は別である。文武天皇も聖武天皇も妃を皇族から迎えることは一切なかった。それを桓武天皇はあっさりと元に戻してしまったのである。

酒人内親王の薨伝は続く。内親王は山部親王の寵幸を得て宝亀十年、朝原内親王を産んだ。時に二十六歳。のち安勅《あとき》内親王、万多《まんだ》・佐味《さみ》両親王を養子にしている。桓武天皇が即位して延暦四年九月、伊勢斎王として出発する朝原内親王を見送ろうと、天皇は平城京に行幸した。この長岡京を留守にした間に藤原種継の暗殺事件が起こったことはすでに述べた。朝原内親王はのち平城天皇の妃となったが、子が授からなかった。

酒人内親王の人となりはまさに天真爛漫、自由奔放で、節操を守るというふうはなく、天皇も戒めなかった。「その欲するところに任せて淫行いよいよ増し、自制する能わず」と薨伝は記す。美貌ゆえに言い寄る貴族も多かったのであろう。桓武天皇も亡くなり、さすがに衰えも見られた嵯峨天皇時代、二品《にほん》を授けられた。

だが、酒人内親王はみずからの出自が聖武天皇の血を引くことを忘れなかった。たびたび東大寺を訪れ、万灯会《まんどうえ》を催したと伝えられている。内親王の東大寺への帰依は深く、弘仁十四年(八二三)、自分の死後の周忌は東大寺で営むように万多・佐味両親王と安勅内親王に遺言した。空海がこれを記録している(『性霊集《しょうりょうしゅう》』巻四)。

東大寺への帰依は娘朝原内親王も同じだったようである。弘仁八年(八一七)四月、母に先立ち三十九歳の若さで亡くなったが、臨終に当たり母に遺言した。両親の恩徳に報いるため、春には桓武天皇の尊霊に『大般若経』を転読し、秋には酒人内親王に『金剛般若経』を披読してもらうように、その賽費として厚見ほかの荘園を東大寺に施入するようにと依頼した。

酒人内親王は翌弘仁九年(八一八)三月二十七日、皇女朝原内親王の一周忌を迎えるに当たり、桓武天皇と皇女の菩提追善のため、皇女の遺言通りこれら経典・荘園・宝器の施入状を認めさせ、末尾に「二品酒人内親王」と自署した。酒人内親王はそれから十年余り後、天長六年(八二九)八月二十日にこの世を去った。七十六歳であった。内親王は聖武天皇の血を引く最後の生き残りの女性で、これで聖武天皇の血筋の火は消えた。

内親王の献入帳によると、墾田のうち厚見荘は美濃国厚見郡にあって一一七町三三九歩、横江荘は越前国加賀郡にあって一八六町五段二〇〇歩、土井荘は越後国高志郡にあって二〇〇町、そのうち熟田《じゅくでん》が五十一町、未開地が一四九町とある。実に広大な墾田であるが、もとは桓武天皇の勅旨田《ちょくしでん》を伝贈されたものと考えられている。およそ一八〇年後の東大寺領荘園目録にこれら三荘の存在が確かめられるが、その後は厚見荘が十世紀半ばに茜部《あかなべ》荘と改称して長く東大寺を支えてきたのに対して、他の二荘は早く荒廃し、東大寺の手を離れたようである。

大仏の頭部落ちる

天皇家による政治的圧力で頭の痛かった東大寺当局者に、重ねて憂慮すべき事態が起こりつつあった。それは大仏の仏体に亀裂の跡が見られはじめたことである。もっとも顕著なのは臀部のあたりで、酒人内親王が亡くなった頃の記録では、亀裂は四メートル以上に及び、そのため像高が二十数センチも沈んだ。また面相はやや西に傾《かし》いでいた。そうしたところに地震が発生した。斉衡《さいこう》二年(八五五)四月二日、五月十日、翌十一日と続いた。五月二十三日、大仏の首筋の亀裂が広がり、頭部がゆっくりと傾き、ついに落下してしまった。東大寺ではすぐさま京都に「毘盧遮那大仏の頭部が自然と落下、地に在り」と報告した。

太政官は翌六月、参議藤原氏宗《うじむね》を東大寺に派遣し、大仏の損傷状況を実地検分させた。仏頭は新造もやむなしと思えるほど大破していた。七月には佐保山陵に勅使を派遣し、そのさまを聖武天皇に奉告した。新造するか修理するか、なかなか方針が定まらないところに、右京出身の忌部《いんべの》(斎部)文山《ふみやま》なる者が提案した修理計画が採用された。それは轆轤《ろくろ》の技術を駆使し、雲梯《うんてい》を巧みに組み合わせて落ちた仏頭を断頭に引き上げ、大仏の頸部に鎔鋳して、新造のようにするというものであった。

斉衡二年九月、修理東大寺大仏司検校《だいぶつしけんぎょう》、つまり修理事業の総監督に、僧侶では伝灯修行賢太法師位《でんとうしゅぎょうげんだいほっし》真如《しんにょ》、俗官では大納言兼右近衛大将藤原良相《よしみ》が任命された。真如は平城天皇の第三皇子高岳《たかおか》親王のこと。大同四年(八〇九)四月、平城天皇が弟の嵯峨天皇に譲位したのに伴って皇太子となったが、翌年薬子《くすこ》の変によって廃嫡された。その後出家して東大寺羂索院に止住。勉学の志厚く、内外の学問を渉猟、律師道詮《どうせん》に三論宗を習い、のち空海から真言密教を学んだ。東大寺僧で賢太法師位を授けられたのは久々のことだったという。

真如は藤原良相らとともに文徳天皇(在位八五〇〜八五八)に奏上した。趣旨はこのようなことであった。「かつて聖武天皇は盧舎那大仏造顕のため菩薩の大願を発せられた。その折、広く法界の知識を募られ、一枝の草・一把の土を持ち寄る者も参加を許すようにと仰せられた。このたび、大仏は大破し、修理するとしても新造に近い状態となった。仏の説くところでは、修理の功徳は新造に勝るという。ついては天下の人をして、多少を論ぜず、一文の銭・一合の米であっても寄進するように勧めたい」と。

文徳天皇はこれを許した。まずこの上奏文から背景として読み取れるのは、かつて桓武天皇が東大寺に対して懐いていた、天武系天皇による遺産だというようなこだわりは、もはや朝廷には見られないことである。そのうえで大仏の修理という事態に直面し、平安期の人々から遠ざかっていた聖武天皇の記憶を呼び覚まし、「一枝の草・一把の土」という天皇がすべての民に呼びかけた大仏造像の趣旨を、「一文の銭・一合の米」という形で改めて生かすことにした。このことが後世の東大寺に与えた影響は大きい。

御頭供養会の盛儀

真如親王の力や忌部文山の工夫もあってか、修理事業は順調に進み、貞観三年(八六一)三月十四日に大仏開眼供養会が営まれることになった。すでに文徳天皇は亡くなり、清和天皇(在位八五八〜八七六)の時代になっていた。開眼会は貴賤の隔てなく布施に与れる無遮大会《むしゃだいえ》の形式をとり、その規模は天平の開眼会に勝るとも劣らない盛大なものとなった。『要録』は御頭供《みぐしく》養会《ようえ》として、その詳細な記録を残している。

まず大法会を行うにはそれなりに大規模な舞台装置が要る。大仏殿の前庭には二四メートル四方の、高欄付き大舞台が設《しつら》えられ、その左右前方には大幡がはためく。大舞台の東西には各七株の宝樹が立ち並ぶ。驚くべきことに、大仏殿第一層の屋根には今は唐破風《からはふ》があって不可能だが、棚閣《ほうかく》といって奥行六メートル、長さ一二メートルの舞台が設けられた。舞楽の天人舞を演ずるためである。キリがないので後は省く。

俗官の総責任者であった藤原良相は右大臣になっていた。大仏開眼会は単に東大寺だけの斎会ではなく、その意義を全国に知らしめるために、太政官は正月から布告を出し、右大臣は勅を奉って宣した。「三月十一日から二十日までは殺生禁断とし、十四日の当日は諸国の国分寺・国分尼寺も同様に斎会を開き、導師は事由を述べ、会集の僧尼は盧舎那仏の宝号を称讃するように。費用は正税を用い、無知の少民に至るまでこの念を徹底させるように。われらが知識となって修理した盧舎那仏はこの日供養を迎えるが、これもひとえに本願聖武天皇の弘誓《ぐぜい》に準拠し、八幡大菩薩を主として天下の名神および万民を知識衆となして修理を行った結果であり、今上(清和)天皇の御世になってようやく工事が成った。この徳業により八幡大菩薩・諸名神はもとより、本願天皇・先帝(文徳天皇)の御霊および開闢《かいびゃく》以来の歴代天皇の尊霊に至るまで悟りの花を開かれんことを。ついては今上天皇の玉躰安穏・宝寿増長して、転禍為福・風雨順時・年穀豊稔となり、これによって、法界に遍《あまね》く自他ともに菩提を証せんことを」と。

三月十四日は二品治部卿賀陽《かや》親王・右大臣藤原良相をはじめ百官が東大寺に下向し、会務を取り仕切った。平城・平安両京の貴賤・士女は御頭供養会を参観しようと街に満ち溢れ、雲集の様は肩を接して振り返ることもできないほどだった。法会に出仕するよう請じられた僧侶は一〇〇三人、開眼師は東大寺の律師伝灯大法師位恵運《えうん》、講讃の導師は薬師寺の同じく恵達《えたつ》、呪願師は元興寺の少僧都明詮《みょうせん》であった。呪願文は勅命によって文章博士の菅原是善《これよし》が作文した。

この日は早朝の僧に対する施食から始まった。午前九時まえには衆僧の整列が終わり開式、開眼師恵運は仏師に伴われて籠に乗り、轆轤で引き上げられて仏眼を点じた。勅使藤原冬緒《ふゆお》が宣命を述べ、続いて工事の功労者木工忌部文山に従五位下、つまり貴族に叙す位記が授けられた。文山は舞台に上がり位記を捧げ、感涙にむせんで大仏を拝した。貧しい家の出ながら技術に巧みで、従八位下に登っていた。断絶した銅造の首部を鎔鋳するには断面の両側を溶解しなければならず、大変高度な技術を要したはずである。

法会を始めるに当たってまず若き内舎人二十人が倭舞を、近衛の衛士二十人が東舞を舞って舞台を浄める。東西の中門の門扉が開かれ、高麗楽と新楽の楽人が参入、導師と呪願師が輿に乗って進み、下りると舞台を経て共に高座に就いた。次いで林邑《りんゆう》楽と胡楽の楽人が南の中門より参入する。正午まえ、林邑の楽人が供物を捧げ、扮装した象乗の普賢菩薩が舞台を経て堂上に供物を置き、舞台で象とともに舞い終えた。続いて多聞天と吉祥天女に扮した胡楽の楽人三十数人が同様に供物を置くと、大仏殿第一層の舞台に上がり、天女らが東西に相対して舞った。次いで同じく第一層において大自在天らに扮した天人衆六十人ばかりが『華厳経』による仏の讃嘆文を唱和、持てる綵花《さいか》を散らし、きらきらと供花《くげ》し終わった。まさに天人天女が天空で楽の音も高くきらびやかに舞うがごときであった。

午後一時、諸楽の楽人が行道三周し着座、衆僧は威儀具足。唄師《ばいし》十人が舞台に上がり、定座の沙弥二十人が南門から二列で登場、舞台を経て堂上で香炉を執ると、唄師が同音に発声、散華師十人が衲衣《のうえ》の衆僧六〇〇人を率いて舞台に着き、同音に発声、散華しながら行道し、華籠《けこ》は南の中門に置く。梵音《ぼんのん》衆二〇〇人は舞台上で讃嘆、錫杖《しゃくじょう》衆一八〇人が声明を唱え、錫杖を鳴らした。

高座では導師の薬師寺恵達が願文を読み、終わると集会人に十善戒を授けた。次いで元興寺の明詮が呪願文を読んだ。さらに新楽の楽人二十人が舞って退出、喜春楽二十人が舞う間に賀陽親王が高麗の楽人十四人も加わるようにと促し、蘭陵王《らんりょうおう》の舞も八人を加えるなど、すべて終われば初夜の七時であった。

御頭供養会はまさに官民挙げての大いなる祝賀であった。その祝意を太政官が全国的規模で徹底させようとしたことは注目すべきであろう。大仏の復興といえば重源《ちょうげん》上人による鎌倉期や公慶《こうけい》上人による江戸期の復興が思い起こされ、平安初期の地震という災禍からの復興はあまりよく知られていないし、ましてや功労者木工忌部文山の名はほとんど知られていない。しかし、天平の大仏開眼を去ること百有余年、天災であれ人災であれ災禍からの復興という、東大寺の歴史を貫く根幹的枠組みの祖型、つまり「東大寺のなりたち」が実はここに完結したのである。

盧舎那大仏の復興と御頭供養会の催行という大役を終えた真如親王は、仏教の奥義を極めるため、入唐《にっとう》求法《ぐほう》に旅立った。付き従う僧俗は六十人。洛陽・長安に滞在、さらに密教の疑義を正そうとインドへの渡航を企てたが、八六五年、羅越《らえつ》国(マレー半島南端か)で死去した。享年六十七歳と推定される。

参考文献

本書を通じて一貫して用いた基礎史料は左記のとおりである。ただし、新書という性格上、典拠の頁数は挙げない。

青木和夫ほか校注『続日本紀』一〜五、新日本古典文学大系、岩波書店、一九八九−九八年
『大日本古文書(編年文書)』東京大学史料編纂所
筒井英俊校訂『東大寺要録』国書刊行会、一九七一年

以上のほか『日本書紀』『律令』『類聚三代格』『日本後紀』『三代実録』『日本紀略』『大正新脩大蔵経』など随時参照した。また、本書全体に係わる主な一般参考書は左記のとおりである。このほかに参考にした著作および研究論文等については、以下各章ごとにまとめて掲げる。

栄原永遠男『日本の歴史4 天平の時代』集英社、一九九一年
渡辺晃宏『日本の歴史04 平城京と木簡の世紀』講談社、二〇〇一年(講談社学術文庫、二〇〇九年)
吉川真司『天皇の歴史02 聖武天皇と仏都平城京』講談社、二〇一一年(講談社学術文庫、二〇一八年)
大津透『古代の天皇制』岩波書店、一九九九年
岸俊男『藤原仲麻呂』吉川弘文館、一九八七年
瀧浪貞子『帝王聖武 天平の勁き皇帝』講談社選書メチエ、二〇〇〇年
森本公誠『聖武天皇 責めはわれ一人にあり』講談社、二〇一〇年
瀧浪貞子『光明皇后 平城京にかけた夢と祈り』中公新書、二〇一七年

杉本一樹『正倉院──歴史と宝物』中公新書、二〇〇八年
丸山裕美子『正倉院文書の世界──よみがえる天平の時代』中公新書、二〇一〇年
東野治之『遣唐使』岩波新書、二〇〇七年
東野治之『鑑真』岩波新書、二〇〇九年

第一章

家永三郎「国分寺の創建について」(『上代仏教思想史研究』目黒書店、一九四八年)
伊藤延男「法華堂」(『奈良六大寺大観 補訂版第九巻・東大寺一』岩波書店、一九七〇年)
奥村茂輝「東大寺山堺四至図の製作背景──絵図が語る世界観」(『論集 仏教文化遺産の継承──自然・文化・東大寺』ザ・グレイトブッダ・シンポジウム論集第十三号、法蔵館・東大寺、二〇一五年)
石上英一「『東大寺要録』巻一所引延暦僧録文「仁政皇后菩薩」伝について」(『正倉院文書研究』一四、二〇一五年)
森郁夫「新薬師寺の瓦」(『古代研究』二三、一九八一年)
稲木吉一「新薬師寺」(清水真澄と共著『日本の古寺美術』16、保育社、一九九〇年)
松木裕美「香山寺・新薬師寺の創立をめぐって」(『東京女学館短期大学紀要』一五、一九九二年)
奈良文化財研究所編『平城宮発掘調査出土木簡概報』三一、一九九五年
栄原永遠男「藤原光明子と大般若経書写──「写経料紙帳」について」(上田正昭編『古代の日本と東アジア』小学館、一九九一年)
山下有美「写経機構の変遷」(『正倉院文書と写経所の研究』吉川弘文館、一九九九年)

栄原永遠男「福寿寺と福寿寺大般若経」(『奈良時代写経史研究』塙書房、二〇〇三年)
森本公誠「東大寺と華厳経――聖武天皇による華厳経止揚への過程を追って」(『南都仏教』八三号、二〇〇三年)
荒牧典俊訳「十地経」(『大乗仏典』8、中央公論社、一九七四年)
吉川真司「大養徳国金光明寺――その金堂をめぐって」(『論集 東大寺の歴史と教学』ザ・グレイトブッダ・シンポジウム論集第一号、法蔵館・東大寺、二〇〇三年)
安田正彦「『続日本紀』にみえる地震記事」(『続日本紀研究』第三〇〇号、一九九六年)
奥健夫「東大寺法華堂諸尊像の再検討」(栄原永遠男ほか編『東大寺の美術と考古――東大寺の新研究1』法蔵館、二〇一六年)

第二章

吉田孝「八世紀の日本――律令国家」(岩波講座『日本通史』第4巻・古代3、一九九四年)
森本公誠「奈良時代における社会的弱者の保護――光明皇后施薬・悲田両院設置の背景を探る」(『論集 光明皇后――奈良時代の福祉と文化』ザ・グレイトブッダ・シンポジウム論集第九号、法蔵館・東大寺、二〇一一年)
八木充「律令官人制度論」(岩波講座、前掲書)
野田嶺志「律令国家の戒厳令」(上田正昭編、前掲書)
吉川敏子「八六 盧舎那像讃一首并序」(東京女子大学古代史研究会『「釈霊実集」研究――聖武天皇宸翰『雑集』』汲古書院、二〇一〇年)

大津透「天皇の服と律令・礼の継受」(前掲『古代の天皇制』)
米田雄介「礼服御冠残欠について」(『正倉院宝物の歴史と保存』吉川弘文館、一九九八年)
上代文献を読む会編「七知経(聖武天皇勅願一切経)」(『上代写経識語注釈』勉誠出版、二〇一六年。ただし読みは少し異なる)
出雲路修校注『日本霊異記』新日本古典文学大系、岩波書店、一九九六年
吉田孝「墾田永年私財法の基礎的研究」(『律令国家と古代の社会』岩波書店、一九八三年)
竹内亮「大寺制の成立と都城」(『日本古代の寺院と社会』塙書房、二〇一六年)

第三章

中村裕一「論事勅書」(『唐代制勅研究』汲古書院、一九九一年)
森本公誠『善財童子求道の旅――華厳経入法界品・華厳五十五所絵巻より』朝日新聞社・東大寺、一九九八年
『日本書紀』持統四年七月己丑条
中井真孝「奈良時代の得度制度」(速水侑編『論集日本仏教史2』雄山閣、一九八六年)
森本公誠「草創期の東大寺僧に思いをはせて」(『論集 古代東大寺の世界――『東大寺要録』を読み直す』ザ・グレイトブッダ・シンポジウム論集第十四号、法蔵館・東大寺、二〇一七年)

第四章

松山鐵夫「天平時代」(前田泰次ほか『東大寺大仏の研究――歴史と鋳造の技術』岩波書店、一九九七年)

清田美季「奈良・平安時代の寺院政策と天皇――檀越としての天皇と官家功徳分封物」(『南都仏教』九六号、二〇一一年)
蔵中しのぶ「高僧沙門釈隆尊伝」(『延暦僧録』注釈』大東文化大学東洋研究所、二〇〇八年)
田村圓澄「唐・新羅・日本の華厳経」(『古代日本の国家と仏教』吉川弘文館、一九九九年)
堀池春峰「華厳経講説より見た良弁と審詳」(『南都仏教史の研究』上、法藏館、一九八〇年)

第五章

清田美季「奈良・平安時代の寺院政策と天皇」(前掲『南都仏教』九六号)
木本好信「仲麻呂政権の動揺――淳仁天皇の帝権分離」(『藤原仲麻呂』ミネルヴァ書房、二〇一一年)
勝浦令子「孝謙太上天皇の反撃――出家と恵美押勝打倒」(『孝謙・称徳天皇』ミネルヴァ書房、二〇一四年)
岸俊男「逆賊と敗死」(岸、前掲『藤原仲麻呂』)
木本好信「藤原仲麻呂の乱――乱の経緯と意味」(木本、前掲『藤原仲麻呂』)
勝浦令子「称徳天皇の夢想――出家者皇位継承の模索」(前掲『孝謙・称徳天皇』)

第六章

山田英雄「早良親王と東大寺」(『南都仏教』一二号、一九六三年)
吉江崇「造東大寺司の停廃」(栄原永遠男ほか編『歴史のなかの東大寺――東大寺の新研究2』法藏館、二〇一七年)

佐藤道子「二月堂神名帳の御霊段について」(『楽劇学』第一六号、二〇〇九年)
滋賀秀三「同姓不婚、異姓不養」(『中国家族法の原理』創文社、一九六七年)
堀池春峰「二月堂炎上と文書聖教の出現」(前掲『南都仏教史の研究』上)
吉川真司注釈「東大寺要録巻三供養章之余――御頭供養会」(東大寺要録研究会資料、二〇一三年)

略年表

大宝元年(七〇一) 1月 遣唐使を任命。 6～8月 大宝律令制定。 この年、 聖武天皇・光明皇后誕生
和銅三年(七一〇) 3月 平城遷都
養老七年(七二三) 4月 三世一身法制定
神亀元年(七二四) 2月 聖武天皇即位。 長屋王を左大臣に任ずる
神亀五年(七二八) 3～5月 内外五位制等、 官人制度改革。 9月 基親王薨去、 11月 山房造営を命ずる
天平元年(七二九) 2月 長屋王の変。 8月 天平と改元。 藤原光明子立后
天平三年(七三一) 8月 行基に従う優婆塞・優婆夷の出家を許す。 9月 聖武天皇『雑集』を書写
天平四年(七三二) 1月 朝賀の儀に天皇はじめて冕服を着す。 この夏、 旱魃の害
天平五年(七三三) 羂索院創建と伝える。 この年、 飢饉・疫病にたおれる者多く、 正税を借貸させる
天平六年(七三四) 4月 大地震起こる。 この年、 勅願一切経書写(「経史之中、 釈教最上」)
天平七年(七三五) この年、 不作。 夏から冬まで天然痘流行し、 死者多数
天平八年(七三六) 2月 浮浪人の公民籍の編附を停め、 浮浪人帳に登録。 8月 天竺僧菩提僊那・唐僧道璿ら来日
天平九年(七三七) 3月 国ごとの釈迦三尊の造像を命ずる。 4～9月 天然痘流行、 死者多数。 10月 最勝王経を大極殿に講ずる
天平十年(七三八) 1月 阿倍内親王立太子。 福寿寺の造営はじまる

天平十二年(七四〇)　2月 聖武天皇、河内国智識寺に盧舎那仏を拝する。9月 藤原広嗣の乱。10月 金鍾寺にて新羅留学僧審祥の華厳経講説はじまる。東国行幸に出発、12月 恭仁宮に到る

天平十三年(七四一)　2月 国分寺・国分尼寺建立の詔

天平十五年(七四三)　5月 墾田永年私財法制定。10月 盧舎那大仏造立発願の詔。紫香楽に寺地を開く

天平十六年(七四四)　11月 甲賀寺に盧舎那大仏像の体骨柱を建てる

天平十七年(七四五)　4～5月 地震続く、平城還都。8月 大養徳国金光明寺(金鍾寺)で大仏造立事始め

天平十八年(七四六)　10月 聖武天皇ら金鍾寺に行幸、塑造の盧舎那大仏像を燃灯供養

天平十九年(七四七)　9月 盧舎那大仏の鋳造はじまる

天平感宝元年(七四九)　2月 陸奥産金。聖武天皇、産金を大仏に報じ、閏5月 太上天皇沙弥勝満と自称、7月 譲位

天平勝宝元年(七四九)　7月 孝謙天皇即位。8月 紫微中台を置く。10月 大仏の鋳造終わる。12月 宇佐八幡神、東大寺参拝。この年、大仏殿造営作業はじまる

天平勝宝三年(七五一)　1月 孝謙天皇、東大寺行幸、木工寮長上神磯部国麻呂を外従五位下に叙する。4月 僧綱人事で菩提僊那を僧正に、良弁を少僧都に任ずる

天平勝宝四年(七五二)　4月 大仏開眼供養会厳修。6月 新羅使一行入京、孝謙天皇に拝謁後、大安・東大寺参拝

天平勝宝六年(七五四)　1月 鑑真来日、4月 大仏殿前庭土壇で聖武太上天皇らに授戒

天平勝宝八歳(七五六)　5月 聖武太上天皇崩御、道祖王立太子。6月 光明皇太后、太上天皇遺愛の品を大仏に奉献

天平宝字元年（七五七）　3～4月 道祖王を廃し、大炊王立太子。5月 藤原仲麻呂、紫微内相になる。7月 橘奈良麻呂の変
天平宝字二年（七五八）　8月 孝謙天皇譲位、大炊王即位（淳仁天皇）。藤原仲麻呂は恵美押勝に、官名を唐風に改める
天平宝字四年（七六〇）　6月 光明皇太后崩御。7月 仲麻呂、東大寺の封五〇〇〇戸の用途を定める
天平宝字六年（七六二）　5月 孝謙・淳仁不和、6月 孝謙太上天皇、天皇大権を二分する
天平宝字八年（七六四）　9月 藤原仲麻呂の乱。道鏡を大臣禅師に任ずる。10月 淳仁天皇配流、太上天皇重祚（称徳天皇）
天平神護元年（七六五）　閏10月 道鏡を太政大臣禅師に任ずる
天平神護二年（七六六）　10月 道鏡を法王とする。法臣・法参議を任ずる
神護景雲三年（七六九）　9月 宇佐八幡神託事件
宝亀元年（七七〇）　8月 称徳天皇崩御。10月 白壁王即位（光仁天皇）。11月 井上内親王立后
宝亀三年（七七二）　3月 井上内親王廃后、5月 他戸親王廃太子
宝亀四年（七七三）　1月 山部親王立太子。10月 井上・他戸を幽閉。閏11月 良弁遷化
天応元年（七八一）　4月 光仁天皇譲位、山部親王即位（桓武天皇）、早良親王立太子
延暦三年（七八四）　5月 山背国乙訓郡長岡村を視察。6月 造長岡宮使を任ずる。11月 長岡遷都
延暦四年（七八五）　5月 僧尼統制令。9月 藤原種継暗殺事件、早良親王廃太子、死去
延暦八年（七八九）　3月 造東大寺司を廃止
延暦九年（七九〇）　春から飢饉、8月 大宰府管内の飢民八万八千余人。この年、天然痘大流行、死者多数

延暦十三年(七九四)　10月 平安遷都
延暦十四年(七九五)　6月 東大寺封戸のうち官家功徳分の封二〇〇〇戸を官庫(大蔵省の倉庫)に収めさせる
延暦十五年(七九六)　東寺・西寺創建
延暦十九年(八〇〇)　7月 早良親王を崇道天皇と追贈、井上内親王の皇后号を復す
大同元年(八〇六)　3月 桓武天皇崩御、安殿親王即位(平城天皇)
大同四年(八〇九)　4月 平城天皇譲位、嵯峨天皇即位、高岳親王立太子
弘仁元年(八一〇)　9月 薬子の変。高岳親王廃太子
弘仁三年(八一二)　10月 官家功徳分の封二〇〇〇戸が東大寺から造東寺司・造西寺司に移管される
弘仁九年(八一八)　3月 酒人内親王、経巻・墾田・仏具等を東大寺に施入
斉衡二年(八五五)　5月 大仏の頭部、地震で落下。9月 修理東大寺大仏司検校に伝灯修行賢太法師位真如(高岳親王)・大納言藤原良相を任ずる
貞観三年(八六一)　3月 大仏開眼(御頭)供養会厳修

結びにかえて

『論語』に「温故知新、可以為師矣」という有名な言葉がある。読みは「故《ふる》きを温《たず》ねて新しきを知れば、以て師と為るべし」という。私は昭和三十年四月、京都大学文学部の教養課程から史学科東洋史に進学した。専門課程の初年だから東洋史学の基礎を学ぶことになる。主任教授の宮崎市定先生から実にさまざまなことを教わった。その初め頃の講義だったか、この「温故」をなぜ「ふるきをたずねて」と読むかわかりますか、「温」は「あたためる」の意味のはずですが、なぜですかと尋ねられた。答えられる学生は誰もいなかった。先生はいつもかみしめるようにゆっくりと話される。先生の口調をまねて講義をする弟子もいたほどである。先生の説明はこうだったと思う。

孔子が意図した「故」というのは保存食の干し肉のことです。当時干し肉を温め柔らかくして食するという習慣がありました。古い肉でも工夫次第で新しい肉と同様に味わうことができる。そのように、これから君たちが学ぶ漢文の史料は、ただ文字面を追うのではなく、よくかみしめ、「行間を読む」さらには「紙背に徹する」ほど読みこなすことを心掛けてください。それでこそ歴史は生きてくるのです。

宮崎先生の温故知新は実に生々しく、通り一遍の説明では到底得られない鮮明なものだった。つまりこの『論語』の意味するところは、古いことを研究し、そこから新しい知識を引き出すくらいでなければ、先生にはなれない、ということなのである。

孔子は今からおよそ二五〇〇年も昔の人である。その意味では歴史文献にもなりうるが、『論語』が史学演習のテキストになることはまずない。中国には『史記』以来の歴代王朝の正史の伝統があり、漢文演習のテキストにも取り上げられる。ところがその年度の宮崎先生の演習のテキストは、孔子から二〇〇〇年以上も降《くだ》った清朝時代の地方行政官による裁判記録『鹿州公案』だった。

むろん原文に句読点はなく、自分で文の区切りを決めなければならない。それにしても漢字一つひとつ、漢和辞典をいくら引いても適当な訳が見つからない。裁判記録というからにはそれなりにストーリー性があるはずだが、話の展開がまったくつかめない。通常の漢和辞典が役に立たず、むしろ現代中国語辞典を参照した方が単語の意味がわかると知ったのは、演習の時間に二、三度出たあとだった。たとえ漢字を使っていても、同じ言語表現が二〇〇〇年も続くはずはないのである。

それでも話の筋がなかなかつかめず、行間を読むどころではなかった。「たとえ異次元の世界の記録でも、目のまえに情景が浮かぶように訳さなければ、それは正確に訳しているとは言えないと心得なさい」、それが一年を通じての先生の教えだったと今も肝に銘じている。

私はその後イスラム史を専攻することになったが、東大寺に籍を置く以上、どうしても門前の小僧にならざるを得ない。遅まきながらやっと、東大寺の現代、さらには未来における存在意義をその創建期に見出そうと、本書を草することを思い至った。そこで改めて『続日本紀』や『東大寺要録』をひもとき、あるいは正倉院文書を閲読して、東大寺を取り巻く奈良時代史の再現を試みたが、宮崎先生の言われるように眼前に情景が浮かぶことに成功したかどうかはわからない。ただ言えるのは、聖武天皇にとって盧舎那大仏の造立はみずからの政治の帰結であること、国分寺建立が仏教による国家の繁栄とそのための人材育成を目指したものであること、『華厳経』を根本経典としながら、大乗も小乗も含め、あらゆる仏教の典籍を研究し尽くして政治に生かすようにと僧侶たちに命じたことである。しかし天皇の思想は、娘の孝謙天皇をはじめ、その後の政治家にほとんど理解されなかった。それでも東大寺は今日まで存続してきた。われわれはその意義を現代はむろん、未来にまで伝えていかねばならない。そのことを結びの言葉にしたいと思う。

なお本書を草するに当たって東大寺史研究所所長の栄原永遠男氏をなにかと煩わし、多くの助言を得た。記して謝意を表したいと思う。また資料集めなど、東大寺図書館をはじめ東大寺総合文化センターの職員の皆さんにも世話になった。

最後に触れねばならないのは、新書編集部の永沼浩一氏の協力である。東大寺について書くよう早くから同氏に勧められながら、私が多用に煩わされるのを辛抱強く待ってくださったうえ、適切な指示を与えられて、本書はまとまることができた。厚く御礼申し上げたいと思う。

森本公誠

平成三十年五月吉日

森本公誠

1934年生まれ．東大寺長老．2004-2007年，東大寺第218世別当・華厳宗管長をつとめる．京都大学文学博士．イスラム史家として，同大学で長年にわたり研究・教育に従事．
著訳書―『初期イスラム時代エジプト税制史の研究』(岩波書店)
『イブン＝ハルドゥーン』(講談社学術文庫)
『善財童子求道の旅―華厳経入法界品・華厳五十五所絵巻より』(朝日新聞社・東大寺)
『世界に開け華厳の花』(春秋社)
『聖武天皇 責めはわれ一人にあり』(講談社)
イブン＝ハルドゥーン『歴史序説』全4冊(訳，岩波文庫)
タヌーヒー『イスラム帝国夜話』全2冊(訳，岩波書店)，第54回日本翻訳文化賞受賞
ほか

東大寺のなりたち　岩波新書(新赤版)1726

2018年6月20日　第1刷発行
2025年6月25日　第3刷発行

著　者　森本公誠《もりもとこうせい》

発行者　坂本政謙

発行所　株式会社 岩波書店
〒101-8002 東京都千代田区一ツ橋2-5-5
案内 03-5210-4000　営業部 03-5210-4111
https://www.iwanami.co.jp/

新書編集部 03-5210-4054
https://www.iwanami.co.jp/sin/

印刷製本・法令印刷　カバー・半七印刷

ISBN 978-4-00-431726-5　Printed in Japan

岩波新書新赤版一〇〇〇点に際して

ひとつの時代が終わったと言われて久しい。だが、その先にいかなる時代を展望するのか、私たちはその輪郭すら描きえていない。二〇世紀から持ち越した課題の多くは、未だ解決の緒を見つけることのできないままであり、二一世紀が新たに招きよせた問題も少なくない。グローバル資本主義の浸透、憎悪の連鎖、暴力の応酬――世界は混沌として深い不安の只中にある。

現代社会においては変化が常態となり、速さと新しさに絶対的な価値が与えられた。消費社会の深化と情報技術の革命は、種々の境界を無くし、人々の生活やコミュニケーションの様式を根底から変容させてきた。ライフスタイルは多様化し、一面では個人の生き方をそれぞれが選びとる時代が始まっている。同時に、新たな格差が生まれ、様々な次元での亀裂や分断が深まっている。社会や歴史に対する意識が揺らぎ、普遍的な理念に対する根本的な懐疑や、現実を変えることへの無力感がひそかに根を張りつつある。そして生きることに誰もが困難を覚える時代が到来している。

しかし、日常生活のそれぞれの場で、自由と民主主義を獲得し実践することを通じて、私たち自身がそうした閉塞を乗り超え、希望の時代の幕開けを告げてゆくことは不可能ではあるまい。そのために、いま求められていること――それは、個と個の間で開かれた対話を積み重ねながら、人間らしく生きることの条件について一人ひとりが粘り強く思考することではないか。その営みの糧となるものが、教養に外ならないと私たちは考える。歴史とは何か、よく生きるとはいかなることか、世界そして人間はどこへ向かうべきなのか――こうした根源的な問いとの格闘が、文化と知の厚みを作り出し、個人と社会を支える基盤としての教養となった。まさにそのような教養への道案内こそ、岩波新書が創刊以来、追求してきたことである。

岩波新書は、日中戦争下の一九三八年一一月に赤版として創刊された。創刊の辞は、道義の精神に則らない日本の行動を憂慮し、批判的精神と良心的行動の欠如を戒めつつ、現代人の現代的教養を刊行の目的とする、と謳っている。以後、青版、黄版、新赤版と装いを改めながら、合計二五〇〇点余りを世に問うてきた。そして、いままた新赤版が一〇〇〇点を迎えたのを機に、人間の理性と良心への信頼を再確認し、それに裏打ちされた文化を培っていく決意を込めて、新しい装丁のもとに再出発したいと思う。一冊一冊から吹き出す新風が一人でも多くの読者の許に届くこと、そして希望ある時代への想像力を豊かにかき立てることを切に願う。

（二〇〇六年四月）

岩波新書より

文学

頼山陽　揖斐高
百人一首　田渕句美子
文学が裁く戦争　金ヨンロン
シンデレラはどこへ行ったのか　廣野由美子
文学は地球を想像する　結城正美
川端康成 孤独を駆ける　十重田裕一
いちにち、古典 〈とき〉をめぐる日本文学誌　田中貴子
芭蕉のあそび　深沢眞二
森鷗外 学芸の散歩者　中島国彦
万葉集に出会う　大谷雅夫
大岡信 架橋する詩人　大井浩一
源氏物語を読む　高木和子
『失われた時を求めて』への招待　吉川一義
三島由紀夫 悲劇への欲動　佐藤秀明
有島武郎　荒木優太

ジョージ・オーウェル　川端康雄
大岡信『折々のうた』選 詩と歌謡　蜂飼耳編
大岡信『折々のうた』選 短歌(一)・(二)　水原紫苑編
大岡信『折々のうた』選 俳句(一)・(二)　長谷川櫂編
日曜俳句入門　吉竹純
短篇小説講義〔増補版〕　筒井康隆
日本の同時代小説　斎藤美奈子
中原中也 沈黙の音楽　佐々木幹郎
戦争をよむ 70冊の小説案内　中川成美
夏目漱石と西田幾多郎　小林敏明
『レ・ミゼラブル』の世界　西永良成
北原白秋 言葉の魔術師　今野真二
漱石のこころ　赤木昭夫
夏目漱石　十川信介
村上春樹は、むずかしい◆　加藤典洋
「私」をつくる 近代小説の試み　安藤宏

現代秀歌　永田和宏
言葉と歩く日記　多和田葉子
近代秀歌　永田和宏
古典力　齋藤孝
老いの歌　小高賢
魯迅◆　藤井省三
ラテンアメリカ十大小説　木村榮一
正岡子規 言葉と生きる　坪内稔典
和歌とは何か　渡部泰明
いくさ物語の世界　日下力
漱石 母に愛されなかった子　三浦雅士
アラビアンナイト　西尾哲夫
小説の読み書き　佐藤正午
季語集◆　坪内稔典
森鷗外 文化の翻訳者　長島要一
英語でよむ万葉集◆　リービ英雄
源氏物語の世界　日向一雅
読書力　齋藤孝

岩波新書より

一億三千万人のための 小説教室　高橋源一郎
中国文章家列伝　井波律子
三国志演義　井波律子
短歌をよむ　俵　万智
新しい文学のために　大江健三郎
わが戦後俳句史　金子兜太
新 折々のうた 1〜9◆　大岡　信
続 折々のうた◆　大岡　信
詩への架橋　大岡　信
読書論　小泉信三
詩の中にめざめる日本　真壁　仁編
日本の近代小説　中村光夫
平家物語◆　石母田正
源氏物語　秋山　虔
古事記の世界◆　西郷信綱
日本文学の古典〔第二版〕◆　西郷信綱・永積安明・広末保
李　白　A・ウェイリー　小川環樹・栗山稔訳
新唐詩選　吉川幸次郎・三好達治

ギリシア神話◆　高津春繁
文学入門　桑原武夫
万葉秀歌 上・下　斎藤茂吉

岩波新書より

宗教

空海　松長有慶
最澄と徳一　仏教史上最大の対決　師茂樹
ブッダが説いた幸せな生き方　今枝由郎
ヒンドゥー教10講　赤松明彦
東アジア仏教史　石井公成
ユダヤ人とユダヤ教　市川裕
初期仏教　ブッダの思想をたどる　馬場紀寿
内村鑑三　悲しみの使徒　若松英輔
トマス・アクィナス　理性と神秘　山本芳久
アウグスティヌス　「心」の哲学者　出村和彦
パウロ　十字架の使徒　青野太潮
弘法大師空海と出会う　川﨑一洋
高野山　松長有慶
マルティン・ルター　徳善義和

教科書の中の宗教　藤原聖子
国家神道と日本人　島薗進
聖書の読み方　大貫隆
親鸞をよむ◆　山折哲雄
日本宗教史　末木文美士
法華経入門　菅野博史
中世神話　山本ひろ子
イスラム教入門　中村廣治郎
蓮如　五木寛之
密教　松長有慶
日本の新興宗教　高木宏夫
背教者の系譜　武田清子
聖書入門　小塩力
イエスとその時代◆　荒井献
慰霊と招魂　村上重良
国家神道◆　村上重良
死後の世界　渡辺照宏
日本の仏教　渡辺照宏
仏教〔第二版〕　渡辺照宏

禅と日本文化　鈴木大拙　北川桃雄訳

岩波新書/最新刊から

2060 **緑地と文化** ―社会的共通資本としての杜《もり》― 石川幹子著

明治神宮外苑の樹木伐採は、持続可能な社会の根幹に関わる事態だ。都市と緑地の持続可能性を歴史と国際比較から問い直す。

2061 **ブラック・カルチャー** ―大西洋を旅する声と音― 中村隆之著

奴隷とされた人々は、いかにして新大陸で声と音の伝統を再創造していったのか。ブラック・カルチャーの歴史と現在を旅する。

2062 **ラジオの、光と闇** ―高橋源一郎の飛ぶ教室2― 高橋源一郎著

毎週金曜夜、穏やかな声で流れ出す、味わい深いオープニング・トーク。大好評の〝読むラジオ〟第二弾。巻頭には特別書下ろしも。

2063 **ケアと編集** 白石正明著

〈ケアをひらく〉の名編集者が一人ひとりの「弱さ」という傾きを後押し。自分を変えずに生きやすくなる逆説の自他啓発書。

2064 **日本人拉致** 蓮池薫著

なぜ私は拉致されたのか？「マインドコントロール」の現実とは。国家に生を翻弄された当事者が、未解決事件の本質を記す。

2065 **コーポレートガバナンス入門** 太田洋著

コーポレートガバナンスとは何か。この概念の生まれた経緯や規制の手法、本質を明らかにし、実務に必須の知識を提供する。

2066 **和菓子の京都** 増補版 川端道喜著

十五代当主がかつて語った和菓子のゆたかな世界に、春夏秋冬、折々に作られる菓子の写真を添え、今日までの歩みを増補した。

2067 **わかりあえないイギリス** 反エリートの現代政治 若松邦弘著

傲慢なエリートは私たち普通の人々の苦しみを分かっていない――既存の左右対立に収まらない新たな対立構図の原因を探る。

(2025. 6)